AF747625

ÉCOLOGIE INTÉGRALE

Michel Godron

Écologie intégrale

Nouvelle édition

Préface de Patrice Obert

L'Harmattan

5-7, rue de l'École-Polytechnique, 75005 Paris

http://www.editions-harmattan.fr

ISBN : 978-2-343-17757-1
EAN : 9782343177571

Préface

Le présent livre répond à la demande que j'ai adressée à Michel Godron, suite à la parution du Manifeste *A contre courant* (Le Cerf), dans lequel nous avions consacré une proposition-phare à la question écologique.

Mon idée était de rassembler dans un petit ouvrage, de la façon la plus objective possible, le maximum de données sur les problèmes écologiques, tout en restant facile d'accès.

En six brefs chapitres, ce condensé nous présente une vision du monde qui repose sur un constat récemment découvert en écologie : l'information est au centre des processus de régulation qui régissent le fonctionnement de l'ensemble du monde vivant, y compris l'humanité. En conséquence, l'évolution du monde se fait par étapes, avec de longues périodes de stabilité et des crises d'instabilité. Cette réintroduction du temps long, en notre époque marquée par le diktat de l'immédiateté, ouvre des horizons nouveaux et permet de poser un regard profond sur la réalité complexe du monde actuel.

On sort de cet ouvrage déstabilisé, convaincu de l'ampleur des enjeux et de la nécessité de changer nos façons de raisonner et d'appréhender les problèmes. On est surtout conscient de vivre une de ces crises d'instabilité, porteuses d'un remue-ménage général : demain, notre monde sera différent, parce que la vie dépasse nos petits destins, qu'ils soient individuels ou même collectifs, parce que l'humain n'est qu'un fil de tissu dans la grande toile de la vie.

Soyons donc conscients des impasses auxquelles aboutit notre mode de développement parasité par une vision individualiste des relations sociales. Nous pourrons alors faire face à la croissance démographique, économiser l'énergie, conserver cette biodiversité vitale. En retrouvant la dimension spirituelle qui nous fait héritiers et garants de la Terre, nous saurons lire et identifier, dans le magma des informations futiles et des rabâchages insignifiants, les signaux faibles qui dévoilent les lueurs de l'aube.

Patrice Obert

Avant-propos

Dans ces réflexions sur l'écologie intégrale, nous ne prétendons pas proposer des vérités définitives mais, au contraire, nous voulons amorcer un dialogue pour résoudre des problèmes graves et complexes. Nous avons seulement essayé de tirer parti de l'information disponible, aussi brièvement et logiquement que possible.

Pour une lecture rapide, vous pouvez regarder seulement les conclusions encadrées hors-texte, en sachant que, dans ce petit opuscule, l'argumentation qui justifie ces conclusions a été réduite au strict minimum. Vous pouvez envoyer vos critiques à migodron@wanadoo.fr et aussi demander des compléments d'explication.

Les nombreux tableaux de chiffres présents dans le texte sont très imparfaits et discutables. Ils sont donnés ici seulement pour avoir une idée de l'ordre de grandeur des phénomènes. Si vous possédez des tableaux différents sur tel ou tel sujet, n'hésitez pas à les envoyer à la même adresse de courriel, et ils seront reproduits dans les éditions futures de ce texte, en mentionnant leur origine.

De la discussion jaillit la lumière.

Plan de l'ouvrage

La crise économique amorcée en 2008 s'accompagne d'une crise écologique parce que les ressources alimentaires, minérales et énergétiques de la Terre se révèlent limitées alors que la population mondiale a augmenté considérablement depuis un siècle. Ces problèmes sont aujourd'hui si graves qu'avec quelques amis nous avons cherché comment les progrès récents de l'écologie pourraient apporter un peu de lumière pour sortir de la crise. En bref, l'écologie ne serait-elle pas l'économie vue sur le long terme ?

Michel Serres a observé que la crise actuelle est le miroir de celle que nos ancêtres paléolithiques nomades n'ont plus trouvé d'espaces libres pour chasser et collecter des aliments naturels. Nous devons modifier notre mode de vie comme nos ancêtres du Néolithique ont su le faire quand ils ont découvert qu'il était possible de domestiquer des plantes et des animaux. Ces innovations techniques et mentales ont permis à la population humaine de se multiplier par un facteur 10, de créer des villages, de développer les métiers artisanaux et le commerce, puis, finalement, de construire des villes et un système politique hiérarchisé.

L'évolution du système alimentaire depuis 500 000 ans peut ainsi être schématisée :

	Densité (hab. / km2)	Surface utilisée (ha / personne)	Production (eq. qx / ha)
Paléolithique	0,1	1000	0,1
Néolithique	10	10	5
France XXe siècle	100	1	80

Puisque la densité de la population humaine est un critère important pour l'humanité, le point de départ de nos réflexions sera l'examen de l'évolution de la démographie mondiale (chapitre 1).

Les 3 chapitres suivants examineront les principales ressources dont nous disposons : les ressources alimentaires, les ressources en eau, les ressources en biodiversité et les ressources énergétiques et minérales. Le cinquième chapitre sera consacré au changement climatique et à la transition énergétique ; le sixième chapitre à la crise économique et financière qui a bouleversé nos vies. Le dernier chapitre cherche comment le maintien des équilibres écologiques pourra être conciliable avec les besoins économiques de l'humanité, grâce à nos ressources mentales, éthiques, et spirituelles.

Chapitre 1

Les ressources alimentaires et la bombe démographique

1.1 La démographie

L'instant qui passe est une passerelle entre le passé et l'avenir et, dans notre marche vers cet avenir incertain, nous devons commencer par voir comment la population humaine (en milliards d'habitants) a évolué dans le passé (figure 1-1) :

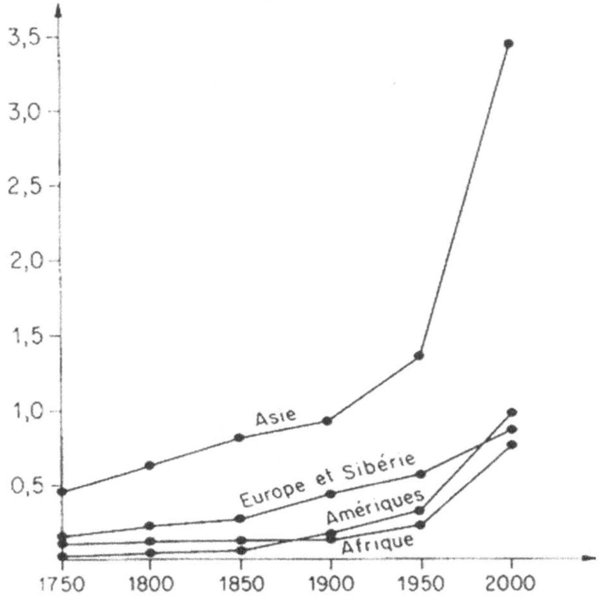

Figure 1-1 L'accroissement de la population mondiale depuis 1750

La croissance de la population mondiale semble de plus en plus rapide et l'on parle même d'une "bombe démographique".

Or les statistiques de l'ONU montrent que la population de l'Europe commence à diminuer et que la croissance de la population mondiale ralentit :

Années	1950	1960	1970	1980	1990	2000	2010
Europe	547	603	655	693	720	727	738
Monde	2.532	3.038	3.696	4.453	5.306	6.123	6.896

Années	2015	2050	2100
Europe	736	730	720
Monde	7.300	9.000	11.000

La dernière ligne du tableau montre que l'accroissement mondial pendant 50 ans a diminué régulièrement, puisqu'il est estimé à :

3.591 millions de personnes entre 1950 et 2000
2.877 millions de personnes entre 2000 et 2050
2,000 millions de personnes entre 2050 et 2100.

Ce ralentissement de la croissance de la population correspond exactement à ce qui est connu en écologie pour les populations animales, dont la croissance commence par être très rapide avant de ralentir progressivement et de se stabiliser selon le modèle de Verhulst (figure 1-2).

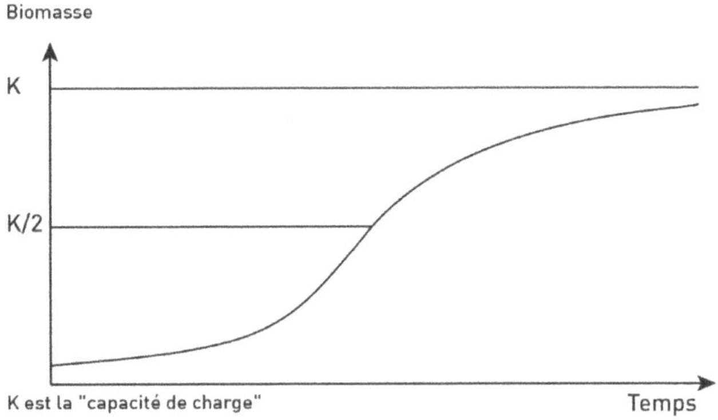

Figure 1-2 La croissance du nombre d'individus d'une .... population selon Verhulst

Le caractère le plus remarquable de ce modèle est que le taux de croissance commence à diminuer quand la population atteint K/2, la moitié de sa valeur maximale, ce qui conduit à penser que la population mondiale se stabilisera aux environs de 12 milliards de personnes au XXIIe siècle.

La cause principale du ralentissement de la croissance de la population est la "transition démographique", qui est liée à l'élévation du niveau de vie.

Les prévisions de 2017 de l'ONU

En 2017, l'ONU a élaboré trois hypothèses pour l'évolution de la population mondiale jusqu'en 2100 ; la première admet que le taux de fécondité se maintient à 2,5 enfants par femme et donne 10,8 Mdshab en 2050 et 16,3 en 2100, la seconde suppose que la fécondité descend à 2 enfants par femme et donne 9,8 Mdshab en 2050 et 11,2 Mdshab en 2100., la troisième, avec un taux de fécondité de 1,75 enfant par femme, donne un maximum de 8,8 Mdshab en 2050 et une diminution jusqu'à 7,3 Mdshab en 2100.

Nous chercherons comment les ressources de la planète, nos innovations, et le changement de nos mentalités sont conciliables avec la deuxième hypothèse.

> La croissance de la population humaine commence à ralentir nettement et la "bombe démographique" n'explosera pas. L'exemple de la Chine, qui a contraint les familles à n'avoir qu'un enfant et qui craint maintenant que les jeunes générations peu nombreuses ne puissent pas assurer les retraites des personnes âgées montre que la limitation des naissances n'est pas une solution.

La Banque mondiale a estimé l'évolution de la population mondiale et de la production de 12 biens majeurs entre 1960 et 2016 : les coefficients de multiplication sont 2,4 pour la population, 2,9 pour le pétrole, 3,3 pour l'acier, 3,5 pour l'élevage, 3,8 pour les céréales, 3,9 pour les produits alimentaires, 4,9 pour le cuivre, et pour la pêche, 5,5 pour le gaz naturel, 6,9 pour le lithium, 12,8 pour le ciment et 47,6 pour les matières plastiques.

1.2 Les ressources alimentaires

L'intensification, la modernisation et l'artificialisation de l'agriculture ont permis de venir à bout des famines fréquentes qui ont sévi en Europe jusqu'au XVIIIe siècle, et qui étaient dramatiques en Inde et en Chine au XIXe siècle. Les ONG Concern Worldwide et Welthungerhilfe estiment que l'indice mondial de la faim a reculé de 29,2 points à 20,9 points entre 2000 et 2018, grâce notamment aux progrès réalisés en Angola, en Éthiopie, au Rwanda, au Sri Lanka et au Bangladesh.

1.2.1 Les productions végétales

La FAO[1] donne les chiffres suivants pour la production totale de céréales (millions d'hectares pour la deuxième ligne et millions de tonnes pour la troisième ligne) :

1999-2001	1999-2001	2003-2005	2006	2007	2008	2009
695	672	680	684	698	712	708
1975	2O84	2212	2239	2354	2521	2489

[1] Food and Agriculture organisation, une agence de l'ONU, dont le siège est à Rome.

soit une augmentation moyenne de 28 millions de tonnes par an.

La production des principaux produits agricoles végétaux (blé, riz, maïs, millet, seigle, sorgho, orge, pomme de terre) est suffisante pour donner à toute l'humanité une nourriture qui permet de survivre, mais qui n'est pas équilibrée.

Les autres produits végétaux importants sont la canne à sucre (1 794 Mt), la betterave à sucre (271 Mt), le soja (261 Mt), l'huile de palme (48 Mt).

Les légumes sont très largement autoconsommés par les agriculteurs et, en outre, 1 561 millions de tonnes de légumes étaient commercialisés en 2011.

La production de céréales (blé, riz, maïs, millet, sorgho, orge, pomme de terre, légumes) et de pommes de terre est suffisante pour donner à toute l'humanité une nourriture qui lui permet de survivre, mais qui n'est pas équilibrée.

1.2.2 La viande et les productions animales

Les élevages industriels des pays développés ont de nombreux inconvénients. Le premier est que la viande ainsi produite est coûteuse en énergie et en intrants : en 2006, l'Ademe a montré que, en France, un kilo de viande de veau a demandé une énergie équivalente à un trajet automobile de 220 km, un kilo d'agneau à 180 km, un kilo de bœuf à 70 km. L'élevage est de plus en plus artificiel et confiné à des bâtiments ; il est alors qualifié de "hors sol".

Entre 1950 et 2001, le nombre des bœufs, vaches et veaux dans le monde a augmenté de 66 %. En 2006, la FAO comptait 1,8 milliards d'ovins et caprins, et 1 milliard de porcs ; la production totale de viande était voisine de 302 millions de tonnes ; la production de viande bovine provenait pour plus des trois cinquièmes de pâturages extensifs.

Dans les pays peu industrialisés, l'élevage familial traditionnel reste largement présent. Mais il tend à être remplacé par des agro-complexes industriels où les animaux sont nourris de céréales et de soja, même dans le Chaco argentin dont le cœur était encore "impénétrable" aux troupeaux en 1960, dans le Mato Grosso et dans les États amazoniens du Brésil, dans les savanes boliviennes et vénézuéliennes. On estime que 90 % du soja produit dans ces régions sont consommés dans les élevages.

La répartition des troupeaux dans le monde est très inégale. Les pays occidentaux ont un grand nombre de têtes de bétail par hectare, et ils consomment beaucoup de viande. Dans les pays du tiers-monde, le troupeau est souvent important mais il est peu productif, en particulier à cause des années de sécheresse. L'Inde a le troupeau bovin le plus important, mais les interdits religieux font qu'il donne peu de viande.

Les statistiques de la FAO montrent que la consommation de viande dans le monde est passée de 67 millions de tonnes (Mt) en 1957 à 323 Mt en 2017, soit une multiplication par 4,8. En Chine, la consommation est passée de 7 Mt en 1978 à 86 Mt en 2017, dont 55 Mt de viande de porc. La FAO prévoit une consommation de 470 Mt en 2050, en grande partie dans les pays émergents. Dans ces pays, ce rééquilibrage de la consommation de protéines vs glucides est en partie justifié, mais les Occidentaux gavés de viande doivent comprendre qu'ils doivent réduire leur consommation de viande, comme le font les Français depuis 2010.

1) Les troupeaux bovins, ovins et caprins du monde sont suffisants pour assurer l'équilibre protéinique de notre alimentation.

2) La production de viande rouge des pays industrialisés est très coûteuse en intrants et son rendement énergétique est catastrophique.

3) Dans les pays peu industrialisés, ces deux derniers paramètres sont plus acceptables, mais la gestion des troupeaux laisse souvent à désirer à cause de la méconnaissance des problèmes de l'élevage par les responsables politiques.

1.2.3 Les OGM

Les OGM sont au centre de l'un des malentendus entre les scientifiques et l'opinion publique dont Bertold Brecht avait annoncé la naissance quand il avait dit aux scientifiques : "Vous découvrirez peut-être avec le temps tout ce que l'on peut découvrir, mais votre progrès vous éloignera de l'humanité. L'abîme entre l'humanité et vous pourrait un jour devenir si grand qu'à votre cri de joie devant quelque nouvelle conquête pourrait répondre un cri d'horreur universel."

Dans l'ensemble du monde, en 2005, 56 % du soja était génétiquement modifié, 28 % du coton, 19 % du colza, 14 % du maïs. En 2010, aux USA, 80 % des cultures de soja utilisaient des OGM, 70 % de celles de coton et de colza, 40 % de celles de maïs.

En Europe, en 2016, environ 136 000 ha étaient plantés de plantes transgéniques, soit moins de 0,1% des surfaces cultivées européennes. Cinq pays en cultivent : l'Espagne et le Portugal abritent à eux seuls 95% des cultures d'OGM de l'Union européenne (respectivement 129 000 et 7000 ha),

Nos gouvernants, obnubilés par des préoccupations électorales, ont enfourché l'idéologie du "principe de précaution" qui oblige à refuser une innovation tant que son innocuité n'a pas été prouvée scientifiquement. Le gouvernement n'a pas demandé à l'instance indépendante qu'est la Commission nationale du génie biologique (CGB) de comparer les risques de première et de seconde espèce inhérents à toute innovation, comme cela se fait pour les vaccins.

1) En 2009, l'INRA a montré qu'aucune technique n'a permis de déceler la séquence d'ADN transgénique du maïs OGM Bt176 dans une vache qui a consommé ce maïs pendant plusieurs années.

2) Depuis plus de dix ans, nous consommons chaque jour de la viande produite par des animaux qui ont absorbé du soja OGM et aucun effet néfaste n'est apparu, mais il faut rester vigilant.

3) Il est absurde que le gouvernement empêche les instituts de recherche de cultiver ces plantes supposées diaboliques même quand la modification génétique ne risque pas de se diffuser.

4) Le défaut le plus grave des OGM est la diminution de la biodiversité dans les territoires massivement cultivés avec un OGM.

Les "ciseaux à ADN" (CRISP-R, TALEN, etc.) qui permettent de cibler facilement les fragments d'ADN jugés importants et de produire des "Organismes génétiquement redessinés" (OGR) devrait être contrôlé, parce que les risques de modification des lignées germinales sont beaucoup plus graves qu'avec les OGM : l'individu né d'un embryon "redessiné" risque de souffrir pendant toute sa vie d'une disharmonie de son génome et de la transmettre à ses descendants.

1.2.4 La conservation des potentialités agricoles

Les facteurs de la dégradation des sols agricoles sont l'érosion, la salinisation, et surtout la perte d'humus.

L'Association française des sols estimait en 2013 que, chaque année, 24 milliards de tonnes de sol sont emportées par l'érosion, et 100 millions d'hectares sont affectés par la salinisation parce que le drainage nécessaire pour l'éviter n'a pas été réalisé. De même, 100 millions d'hectares sont affectés par la salinisation parce que le drainage nécessaire pour l'éviter n'a pas été réalisé.

Seulement 22 % de la surface des continents est cultivable et il n'est plus possible de trouver de nouvelles terres à défricher à moins de détruire des forêts de grande valeur.

L'artificialisation de l'agriculture réduit aussi la biodiversité, en particulier à cause de l'emploi massif des pesticides. En Europe, l'une des conséquences les plus significatives est que la population d'Oiseaux des plaines intensivement cultivées a diminué de moitié en cinquante ans, et le plus inquiétant est que cette chute est la conséquence de la rupture des équilibres des populations d'Insectes et de pollinisateurs qui risquent de ne pas se rétablir naturellement.

L'artificialisation des cultures et le défrichement des forêts dégradent les sols et les apports d'engrais chimiques ne suffisent pas pour maintenir leur fertilité naturelle.

Elle entraîne aussi des pertes de biodiversité par la diminution du nombre de petits animaux et d'Insectes dans les grandes plaines cultivées intensivement et fait disparaître des espèces et des variétés rares qui sont une ressource génétique irremplaçable.

1.2.5 L'agriculture de conservation et l'agriculture biologique

Pour remédier aux défauts de l'agriculture intensive, des techniques "douces" sont nécessaires. L'exemple le plus ancien est, depuis le Xe siècle, celui des moines d'Ormylia, en Chalcidique (Grèce).

La méthode la plus simple pour reconstituer la qualité du sol est l'épandage de bois raméal fragmenté qui a été étudié très soigneusement par Gilles Lemieux, professeur à l'Université Laval (Québec) ; ce procédé est moins coûteux et plus rationnel que l'utilisation agricole de compost.

L'agriculture de conservation augmente la diversité des assolements sans labourer afin de reconstituer la richesse biologique du sol et d'améliorer la minéralisation de la matière organique. Elle se développe en tache d'huile autour des agriculteurs qui l'ont adoptée et qui peuvent en montrer les effets bénéfiques durables.

Depuis plusieurs dizaines d'années, plusieurs autres modes de culture innovants ont été essayés, tels que la biodynamie ou la permaculture, mais ils n'ont pas fait la preuve de leur viabilité économique.

Les aliments standardisés produits par l'agriculture intensive sont souvent insipides et la vogue de l'agriculture biologique montre que les consommateurs des pays industriels préfèrent payer les produits agricoles de bonne qualité à un prix supérieur à celui des produits ordinaires, pour compenser la diminution des rendements.

Il ne suffit pas qu'un produit soit étiqueté "bio" pour que sa production soit écologiquement optimale.

En 2015, le total mondial de la valeur des produits "bio" atteignait 46 milliards de dollars (31 milliards d'euros).

Le marché de l'agriculture biologique se répartissait de la manière suivante en 1999 : Europe 45%, USA 32%, Japon 13%, Chine 9 %, Canada 1 %. De 1999 à 2013, le nombre d'exploitations "bio" a été multiplié par 8 et la surface mondiale cultivée en bio a été multipliée par 4,3 (source Assemblée permanente des chambres d'agriculture)

L'Allemagne est nettement en avance sur la France, qui importait encore récemment les deux tiers des aliments "bio" qu'elle consomme.

1.2.6 La lutte biologique

La lutte biologique contre les plantes et les animaux néfastes pour les cultures est l'un des moyens scientifiquement bien étudiés qui permet de réduire l'emploi des pesticides.

Elle a été très utilisée en particulier en Australie pour limiter l'invasion des espèces européennes qui perturbaient la végétation des cultures et des pâturages. Les raisons pour lesquelles la Direction régionale de l'environnement de la région Centre a refusé de l'utiliser pour lutter contre la Jussie sont mystérieuses.

1.2.7 Trois modes de production

Dans le monde, en 2008, la FAO recensait 2,7 milliards d'agriculteurs, soit le ¼ de la population mondiale et soit la moitié de la population active. La plupart des agriculteurs vivent dans les pays en développement. En Afrique subsaharienne 65% de la population a un emploi dans le domaine de l'agriculture, cultivant soit manuellement, soit avec 250 millions d'animaux de trait (cheval, âne, bœuf, dromadaire). Dans d'autres pays les animaux de trait sont le buffle, le yack, le lama. Dans les pays développés, ils représentent seulement 2 à 3% de la population active.

Marcel Mazoyer[2] dessine les clefs de l'avenir de l'agriculture en comparant les trois principaux types d'agriculture :

1) Un paysan Mossi qui travaille ses champs à la houe peut produire 20 qx de céréales par an ; pour nourrir sa famille et ses animaux domestiques, il consomme 15 qx (ou équivalents-quintaux), et il lui reste seulement la valeur de 5 qx pour acheter des biens de première nécessité.

2) Un agriculteur traditionnel qui dispose d'un attelage peut produire 75 qx de céréales sur 5 ha ; il lui reste 55 qx qui lui permettent d'investir. Ce cas concerne environ 300 millions de personnes, et le goulet d'étranglement est celui des surfaces disponibles, dont la valeur en capital devient importante.

3) Un agriculteur moderne qui dispose de tracteurs, de matériels agricoles multiples, d'engrais chimiques, de produits phytosanitaires et des connaissances nécessaires, récolte 80 quintaux par ha sur 100 ha, soit 8 000 quintaux. Son problème est de trouver le capital nécessaire, et ensuite de rentabiliser cet investissement.

La trop faible attention portée par le gouvernement français à l'agriculture n'est pas un cas isolé. L'éditorialiste de '*The Economist*", disait le 10 mars 2001 qu'il est urgent de consacrer une part plus importante des budgets nationaux au développement de l'agriculture et de la recherche agronomique, en particulier grâce au Groupe consultatif sur la recherche agricole (CGIAR) de l'ONU.

---

[2] 2005, *La fracture agricole et alimentaire mondiale, nourrir l'humanité aujourd'hui et demain*, Ed. Universalis.

Pour nourrir la population mondiale, il faut investir autant pour développer les agricultures traditionnelles familiales que pour améliorer l'agriculture intensive.

Une agriculture durable pourra répondre aux besoins des générations futures en équilibrant ces deux types d'investissement.

Dans les pays industrialisés, l'agriculture de conservation et les circuits courts entre les agriculteurs et les consommateurs devront être développés en priorité.

1.2.8 Les prix mondiaux et les subventions

Depuis 1950, dans les pays industrialisés, l'agriculture moderne s'est intensifiée. En conséquence, les coûts de production, les achats de tracteurs, de machines agricoles, d'engrais chimiques, et le nombre des traitements phytosanitaires ont considérablement augmenté. Les circuits commerciaux dérégulés pour les produits alimentaires et la réglementation bureaucratique se sont complexifiés au point que, finalement, les agriculteurs français ne gagnent plus leur vie.

Entre 1960 et 2000, la part de l'alimentation dans le budget des Français a baissé de 29,6 % à 15,4 % selon France Agrimer (2014, n°4), parce que les gouvernements des pays industrialisés, constatant que le poids électoral des ruraux diminuait et que celui des urbains devenait dominant, n'ont pas osé augmenter le prix des produits alimentaires.

Le gain de pouvoir d'achat des consommateurs lié à la baisse des prix de l'alimentation a été capté par des produits industriels (notamment les équipements audiovisuels, informatiques ou de communication), et il n'est resté pour les agriculteurs que leurs yeux pour pleurer. Le gain de productivité aurait dû permettre une augmentation des prix à la production au lieu de bénéficier en totalité aux consommateurs.

L'injustice était tellement criante que les gouvernements ont alors décidé du subventionner les agriculteurs.

Le FMI a calculé que les subventions accordées aux agriculteurs atteignaient, en 2003, 184 milliards de dollars aux États-Unis et 200 milliards d'euros en Europe.

La conséquence la plus néfaste de la baisse des prix payés aux producteurs des pays industrialisés est que ces pays peuvent inonder le marché mondial de produits agricoles à bas prix, que les pays en voie de développement sont tentés d'acheter pour leurs citadins ; les paysans de ces pays ne peuvent plus alors vendre leurs produits locaux et sont condamnés à la misère au point de venir finalement s'agglutiner dans les bidonvilles.

Par exemple, les accords commerciaux États-Unis-Canada-Mexique ont conduit les Mexicains à importer des États-Unis de plus en plus de produits alimentaires (pour le maïs, les importations sont passées en 10 ans, de 5 millions de tonnes à 10 millions de tonnes). La conséquence dramatique est que les petits agriculteurs mexicains ne peuvent plus vendre leur production locale et se reconvertissent dans la plantation de cannabis sur un tiers de la surface cultivée.

Les prix des produits agricoles sont devenus totalement irrationnels puisque les pays industrialisés subventionnent leur agriculture en se concurrençant et en faisant baisser les prix mondiaux, ce qui handicape le développement agricole des pays peu industrialisés.

Pour trouver un équilibre raisonnable, il serait simplement logique de payer les produits agricoles à un prix suffisant pour que les agriculteurs et les éleveurs de chaque pays puissent vivre correctement et investir dans leur outil de production.

1.2.9 L'évolution de l'agriculture française depuis un siècle

Les paysans constituaient 50 % de la population française en 1870, et encore 22 % en 1954. Lors du recensement de 1975 (*Économie et statistiques*, n°100), la population agricole comprenait 5 884 000 personnes, soit 11 % de la population totale et produisait 10 % du PIB.

Le taux actuel de décroissance de la population active agricole atteint 5,7 %. En 2000, il restait environ 900 000 agriculteurs (663 800 exploitations d'une surface moyenne de 66 ha), au lieu de 2 750 000 en 1970. Le ministère de l'agriculture annonçait 1,1 million d'actifs agricoles en 2007, soit 4 % de la population active totale et environ 500 000 exploitations d'une surface moyenne de 78 hectares. Les départs à la retraite ne sont pas compensés par l'installation de jeunes agriculteurs ; la surface agricole utile (SAU) a diminué de 10 % entre 1970 et 2009, pour arriver à 54 % du territoire en 2014. En 2012, il restait seulement 770 000 agriculteurs actifs, soit 3,3 % de la population active.

En France, l'INSEE a montré que le revenu moyen des agriculteurs a diminué de 20 % en 2008 et de 32 % en 2009. En 2010, la quatrième loi de modernisation de l'agriculture prévoyait seulement des mesures "cosmétiques" qui réduisent les agriculteurs au rôle de fournisseurs des industries agro-alimentaires et de gardiens des paysages, sans prévoir la nécessaire augmentation des prix à la production. Les revenus des agriculteurs ont encore baissé de 5 % entre 2013 et 2014 et de 10 % en 2016, en particulier pour les éleveurs, les céréaliers et les arboriculteurs.

En 2014, la production agricole française a été estimée à 75,4 milliards d'euros, les céréales et les oléagineux représentant 13,5 milliards d'euros, le vin 12,4 milliards d'euros, la production animale (bovins et porcins) 10,5 milliards d'euros, les produits laitiers 10,2 milliards d'euros et les volailles 4,8 milliards d'euros.

Une politique intelligente pourrait permettre de maintenir une population rurale suffisante même dans les régions difficiles, comme le fait la Suisse. Par exemple, le Pays de Sault, un plateau de moyenne montagne des Pyrénées orientales, maintient une densité viable de 4 habitants par km² en aidant de jeunes agriculteurs à s'installer, en développant l'élevage d'une race bovine rustique et d'une variété de pomme de terre locale, en combinant l'activité agricole et d'autres activités hivernales telles que l'exploitation forestière.

L'un des paradoxes de l'agriculture française est l'augmentation du prix des terres agricoles : leur prix moyen (en euros constants) était 2 950 €/ha en 1950, 6 560 €/ha en 2012 et 7 500 en 2018. Le prix des terres augmente surtout près des villes : en 1995, les terrains constructibles se négociaient 24 fois plus cher que les terres destinées à l'agriculture ; en 2005, ils se négociaient 40 fois plus cher (Source SAFER).

Les directions départementales des territoires (DDT) accentuent les déséquilibres, parce qu'elles empêchent de construire un logement dans l'espace rural, en invoquant le risque de "destruction d'Orchidées".

Pour résoudre tous ces problèmes, certains experts proposent une solution miraculeuse : "créer une délégation interministérielle à l'alimentation durable". Cela permettrait d'offrir un poste bien rémunéré à quelques bons amis...

1.2.10 Un exemple remarquable : le Brésil (rédigé par Evaristo de Miranda)

Depuis quelques dizaines d'années, le Brésil est l'un des premiers producteurs agricoles du monde, et il maintient un équilibre entre l'agriculture et la végétation très peu artificialisée, qui comprend :

= parcs nationaux et terres indiennes : 26,9%
= terres publiques non attribuées et très isolées en Amazonie : 18,9 %,

Soit un total de 45,8% de la surface totale du Brésil (850 millions d'hectares).

De plus, dans l'espace rural, il est obligatoire de préserver la végétation naturelle autour des fermes de toutes tailles, soit 20,5 % de la surface totale du Brésil, qui sont surveillés par télédétection avec une résolution de 20 mètres par l'Embrapa (l'équivalent de l'INRA). Les agriculteurs préservent ainsi la végétation naturelle sur une surface encore plus importante que celle des parcs nationaux.

Au total, 66,3% de la surface du Brésil est donc peu ou très peu artificialisée. Les pâturages extensifs composés d'espèces spontanées (Pantanal, Pampa, Caatinga, Savanes et prairies d´altitude) occupent 8% de la surface totale, et les pâturages intensifs, comprenant des espèces sélectionnées, s'étendent sur 13,2 %.

Les cultures et les forêts produisant de la cellulose) s'étendent sur 9 % de la surface totale.

Les espaces très artificialisés (villages et villes, voies de communication, systèmes industriels urbains, carrières, génération et distribution d´énergie, etc.) s'étendent sur 3,5 % de la surface totale.

1.2.11 La pêche, l'aquaculture et les algues

Il a été pêché 20 millions de tonnes (Mt) de poissons en 1950, et 91 Mt en 2012 (source FAO).

Les captures dans le nord-est de l'Atlantique sont passées de 8 Mt en 1950 à 13 Mt en 1978 et elles oscillent entre 10 Mt et 11 Mt depuis 1985.

La pêche maritime a presque partout surexploité la ressource et devra diminuer ses prélèvements. La Morue[3] a presque totalement disparu de l'Atlantique Nord.

En 2005, 2008 et 2014, la FAO a estimé les intensités d'exploitation sont :

Intensité d'exploitation	Sous-exploités	Modérément exploités	Pleinement Exploités	Surexploités	Épuisés récemment
% en 2005	3 %	23 %	52 %	16 %	7 %
% en 2008	1 %	20 %	59 %	19 %	1 %
% en 2014	3 %	20 %	52 %	17 %	7 %

En 2009, l'Europe a reconnu que 88 % des ressources de sa zone des 200 milles marins sont surexploités. La pêche aux Anchois a été interdite en 2005 et il a fallu attendre 5 ans pour que la population se reconstitue. Pour le Hareng, il a fallu attendre 20 ans. Autour de l'île d'Yeu, la pêche au Requin-taupe est interdite et l'on ne sait pas combien d'années seront nécessaires pour reconstituer la population.

La mise en réserve arrive souvent trop tard : la Morue de l'Atlantique avait presque totalement disparu en 1982 ; le Canada a alors exigé que sa pêche cesse totalement dans la mer du Labrador, mais la remontée est très lente puisque la proportion de morues dans les pêches est passée de 3 % en 1990 à seulement 9 % en 2009.

[3] Les *Règles typographiques* de l'Imprimerie nationale demandent l'usage de la majuscule pour les noms de la nomenclature des plantes et des animaux.

Entre 1900 et 2009, 90 % des Requins ont disparu en raison d'une pêche abusive, le plus souvent pour découper seulement les ailerons appréciés par les gastronomes asiatiques. La plupart des Requins sont vivipares et la capture des femelles entraîne la mort de leurs petits.

Philippe Cury, de l'IRD, estime en 2008 que les océans ont perdu en 15 ans 50 à 90 % de leurs plus grands poissons et que ceux qui sont capturés sont maintenant des juvéniles : 95 % des captures effectuées dans le golfe de Gascogne ont moins de 23 cm de long. La daurade rose (ou baudroie) est mâle dans sa jeunesse et devient femelle en vieillissant ; la capture des gros individus fait donc disparaître les femelles... Les poissons pélagiques qui vivent près des côtes ou dans les eaux de surface (Hareng, Sardine, Maquereau, Anchois) représentent maintenant 60 % des prises, au lieu de 30 % et ils accentuent le déséquilibre parce qu'ils sont en nombre suffisant pour dévorer les œufs et les alevins des poissons de grande taille. En mer du Nord, certains fonds sont chalutés jusqu'à huit fois par an.

Pour l'ensemble des poissons de l'Atlantique, les 7 000 t pêchées en 1960 sont devenues12 000 t au milieu des années 1970 ; la population s'est réduite de 1,5 Mt à 0,6 Mt et il a fallu réduire les prises à 2 000 t, sans que cela suffise pour retrouver l'équilibre démographique initial. La population de saumon du Pacifique a tellement diminué qu'il faut maintenant élever dans des enclos d'aquaculture les alevins nécessaires pour reconstituer la ressource.

Le plus grave est que la pêche industrielle s'est attaquée aux grands fonds pour prendre des espèces dont la reproduction naturelle est très lente. Au large de la Namibie, les poissons pélagiques eux-mêmes ont été surexploités et ils cèdent la place aux méduses.

Les secteurs les plus surexploités sont l'Atlantique Nord-est, la Méditerranée et la mer Noire. Viennent ensuite l'Atlantique Nord-ouest, l'Atlantique Sud-est, le Pacifique Sud-est et l'Océan austral.

Une régulation des prélèvements est souvent efficace. L'exemple le plus probant est celui des coquilles Saint-Jacques en Manche : le temps de pêche autorisé a été réduit à deux heures par jour pendant trois jours par semaine pendant la courte période de dragage, sous l'œil d'avions de surveillance.

La pêche artisanale incontrôlée a quelquefois des conséquences graves. Par exemple, le nombre de pirogues de pêcheurs du Sénégal est passé de 3 000 en 1980 à 12 000 en 2013 et les pirogues sont dotées d'un moteur hors-bord qui leur permet d'aller au-delà de la limite des eaux territoriales. Le résultat est que le poisson le plus pêché, le Mérou blanc est menacé de disparition.

Les conflits pour les droits de pêche (jusqu'à 200 milles marins autour des côtes) sont de plus en plus difficiles à arbitrer. L'exemple le plus criant est celui de îles Paracels (à 600 km de la Chine et du Vietnam), Spratleys (à 800 km au sud-est du Vietnam, et à 900 km de la Malaisie de Bornéo et de Brunei), Scarborough (à 1 500 km de la Chine et à 300 km des Philippines), que se disputent la Chine, le Vietnam, les Philippines, la Malaisie, le sultanat de Brunei et Taïwan.

L'un des scandales actuels est que les organisations internationales ne sont pas capables d'empêcher les pêcheurs japonais de tuer des baleines et les pêcheurs hollandais de pratiquer la pêche électrique.

L'aquaculture

La production de poissons et de crevettes en aquaculture est néfaste quand leur alimentation est fournie par des juvéniles de poissons-fourrage tels que la sardine ou l'anchois. L'aquaculture pollue les mers côtières à cause des excréments des poissons captifs et de la pourriture de la nourriture qu'ils ne consomment pas.

De plus, les bassins d'élevage de crevettes sont trop généralement prélevés sur l'espace occupé par les mangroves.

La pisciculture en bassins et en étangs est plus facile à contrôler et elle peut utiliser des poissons herbivores. II faut environ I kg d'aliments végétaux pour produire 1 kg de poisson herbivore, alors qu'il en faut 2 pour produire I kg de poulet, 3 pour I kg de porc, et plus de 6 pour I kg de bœuf. En France, le ministère chargé de l'environnement demande de supprimer la plupart des étangs (80 % des étangs en Limousin) pour des raisons idéologiques, en oubliant que les étangs sont une source importante de biodiversité locale et spatiale.

L'aquaculture fournit une part de plus en plus importante de la consommation mondiale : 1,6 millions de tonnes en 1960, 2,5 Mt en 1970, 4 Mt en 1980, 12 Mt en 1990, 32 Mt en 2000, 60 Mt en 2010, 73,8 Mt en 2014 (Source FAO). L'aquaculture représentait en 1980 9 % de l'approvisionnement en poisson pour l'alimentation humaine et 47 % en 2010.

L'aquaculture des poissons carnivores (Saumon, Bar, Daurade, Turbot, Morue, Flétan, Thon, Truite) nourris avec des petits poissons transformés en farine n'est pas très raisonnable, parce que 3,5 kg de petits poissons sont nécessaires pour produire 1 kg de ces poissons appréciés des consommateurs occidentaux. En Europe, des déchets d'abattoir de porc et de volaille (indemnes du prion de l'encéphalite) transformés en PAT (protéines animales transformées) peuvent être utilisés depuis le 1er juin 2013 pour nourrir les poissons d'élevage. Avant cette date, les 300 000 tonnes de PAT françaises étaient en quasi-totalité utilisées comme combustible dans les cimenteries. La solution la plus raisonnable est même d'élever en aquaculture plutôt des espèces omnivores ou herbivores (Carpe, Tilapia, Mulet), comme cela se fait en Afrique et en Asie.

Dans le monde, la consommation de poisson est passée de 10 kg par personne et par an en 1960 à plus de 20 kg en 2016, et 65 % de la production aquacole relèvent de la pisciculture c'est-à-dire de l'élevage de poissons, le reste relevant de la conchyliculture. 89 % des volumes de la production aquacole mondiale proviennent d'Asie dont 65 % de poissons.

Les algues comestibles

Le monde des algues est dramatiquement sous-exploré, bien que les spécialistes estiment le nombre d'espèces "entre 20 000 et plusieurs millions" !

Depuis 2014, 24 espèces d'algues sont autorisées à la consommation :

- 8 Algues[4] brunes : Wakamé, Kombu, Haricot de Mer, et plusieurs Fucus,
- 11 Algues rouges : Dulse Nori,
- 2 Algues vertes : Laitue de mer,
- 3 Micro-Algues.

Elles sont riches en polysaccharides, en iode et en calcium.

Les Français consomment 1 500 tonnes d'algues, pour un chiffre d'affaires de 84 millions d'euros, et les Japonais 15 000 t.

Les grandes algues des côtes ont été depuis longtemps récoltées comme engrais par les 35 bateaux des goëmoniers (60 000 t par an, environ 2,4 millions d'euros, soit 40 €/t), Aujourd'hui, par exemple, Jean-François Arbona cultive des Laminaires et quelques autres Algues brunes sur 12 hectares dans l'estuaire de la Rance. Elles sont cultivées pendant un mois dans une écloserie, puis fixées sur des

[4] Les *Règles typographiques* de l'Imprimerie nationale demandent l'usage de la majuscule pour les noms de la nomenclature des plantes et des animaux.

cordages de 300 mètres de long. Leur croissance est très rapide (30 cm par mois) et elles servent d'abri et de frayère pour les Poissons et Crustacés côtiers. Elles sont séchées à l'air libre en une semaine et le produit est riche en protéines, acides gras essentiels, sels minéraux et anti-oxydants. Ces 12 hectares donnent chaque année 50 tonnes d'algues fraîches et 5 tonnes de produits secs, qui sont utilisés pour l'alimentation humaine, comme cosmétiques et pour la pharmacie (anti-viraux et anti-cancéreux). Des entreprises analogues fonctionnent aussi à l'île d'Ouessant et à Lézardrieux.

Les principales Algues consommées directement sont *Palmaria palmata*, *Undaria pinnatifida*, *Laminaria digitata*, *Laminaria saccharuna*, *Ulva lactuca*.

Les Algues microscopiques (*Chlamydomonas*, *Neochloris*, *Spirulina*), sont cultivées dans des bacs exposés au soleil ou à un rayonnement riche en ultra-violet et éventuellement traversés par un courant de CO_2. La nourriture de ces Algues pourrait être fournie par les résidus de l'aquaculture. Les produits se vendent plusieurs dizaines d'euros par kilo, dix fois plus cher que le prix envisageable pour produire du pétrole.

Conclusion générale

Toutes les parcelles utilisées pour l'agriculture ou pour l'élevage sur notre planète sont situées dans un gradient d'<u>artificialisation</u> allant des territoires à peine pâturés qui sont encore presque "naturels", jusqu' aux jardins, aux cultures hors-sols et aux espaces urbanisés.

Toute artificialisation présente à la fois des avantages et des inconvénients, qui doivent être étudiés avec soin. Par exemple, les engrais chimiques présentent des avantages certains, mais ils perturbent les équilibres ioniques des solutions du sol et entraînent une perte d'humus, les herbicides produisent une inversion de flore, les pesticides appauvrissent la faune et rendent finalement les plantes cultivées sensibles à de nouveaux parasites, etc.

Pour nourrir le monde et maintenir la fertilité des sols, nous devons favoriser l'agriculture de conservation et réduire l'usage des pesticides.

Les agriculteurs, les éleveurs, les aquaculteurs et les pisciculteurs pourront nourrir la population mondiale si les gouvernements décident enfin d'adopter une politique économique rationnelle pour que les prix des produits alimentaires payés aux producteurs, aussi bien dans les pays industrialisés que dans les pays en développement, soient justes et non pas artificiellement dévoyés.

1.2.12 L'ensemble des produits alimentaires

L'agriculture, l'élevage, et la pêche resteront, au cours des prochaines années, des activités-clefs aussi bien dans les pays industrialisés – où le revenu agricole représente seulement quelques % du PIB – que dans les pays en développement.

En 2018, la FAO a montré que la production agricole continue à augmenter au même rythme que la population mondiale, mais 800 millions de personnes souffrent cependant de la faim. L'Agence française pour le développement notait que l'Afrique subsaharienne avait peu progressé dans ce domaine et que 25 % de la population restait sous-alimentée.

Le Programme alimentaire mondial a aidé en 2013 80 millions de personnes, en particulier dans les camps de réfugiés. Son budget atteignait 3 milliards d’euros. Il est intervenu dans au moins 15 pays (Afghanistan, Angola, Congo, Éthiopie, Érythrée, Haïti, Kenya, Liberia, Madagascar, Mozambique, République centrafricaine, Sierra Leone, Somalie, Zambie, Zimbabwe). Cette triste énumération montre que ces pays ont tous subi des guerres civiles. Esther Duflo n'hésite pas à écrire : "les vraies famines sont presque toujours liées à des crises politiques".

L'économiste indien Amartya Sen, prix Nobel en 1998, a parfaitement montré comment les famines récentes ont pour cause la déstructuration de la vie en société (guerre civile, absence de solidarité, mauvaise gouvernance, corruption, etc.) bien plus que la faiblesse de la production agricole.

La crise financière de 2008 a conduit des fonds financiers spéculatifs à parier sur une augmentation des prix des produits alimentaires qui a provoqué des émeutes de la faim qui ont été en partie à l'origine des "printemps arabes".

C'est seulement en 2010 que l'ONU, la Banque mondiale, le FMI, l'OMC et les nations du G20 ont commencé à chercher comment stabiliser les prix des produits agricoles et en particulier ceux des céréales, pour éviter la spéculation des *traders*.

Malheureusement ces bonnes intentions n'ont pas eu de suite pratique.

1.3 Les forêts

Autrefois, les forêts d'Europe contribuaient indirectement à l'alimentation des populations, parce qu'elles étaient pâturées par les bovins, les ovins, les caprins, les porcins et parce que les fruits sauvages (merises, cormes, alises), le gibier et le miel étaient une ressource importante pour nos grands-parents.

Sous la direction du professeur Sabas Barima, une étude précise montre l'importance des "produits forestiers non ligneux" (plantes alimentaires, plantes médicinales, bois et lianes pour la construction, plantes jouant un rôle culturel) pour les populations qui vivent près des forêts en Côte d'Ivoire.

Les forêts donnent du bois de charpente, des meubles, des ustensiles, du papier, etc. et elles jouent un rôle essentiel dans l'écologie des paysages, qui est malheureusement peu pratiquée en France.

Pour atteindre le développement durable, les forestiers ont été des précurseurs, lorsqu'ils ont défini l'aménagement comme "l'ensemble des opérations qui permettent d'obtenir un rendement soutenu, grâce à l'établissement d'un état d'équilibre résultant de travaux d'entretien et d'amélioration".

En effet, les produits forestiers n'apparaissent qu'à long terme, et l'un des soucis majeurs du gestionnaire est d'obtenir un rendement soutenu ; pour y parvenir, il a intérêt à conduire les peuplements vers leur état d'équilibre ; les travaux nécessaires pour l'atteindre sont alors résumés dans un règlement d'exploitation, qui traduit le type d'aménagement.

La part des forêts (en pourcentage de la surface totale du territoire) est 27 % en France, 30 % en Europe et 32 % dans le monde. Les conifères occupent en moyenne un tiers du territoire forestier et les feuillus en occupent les deux tiers.

Il est très difficile de chiffrer la valeur monétaire des services (climat, pluie, épuration naturelle de l'eau) et des activités culturelles et récréatives (randonnées, promenade, sport, chasse, silence) que la forêt apporte gratuitement.

La surface attribuée aux forêts par le fascicule MAB n°33 de l'UNESCO (1975) était de 4,1 milliards d'hectares (Gha), dont 40 % en région non tropicale et 60 % en région tropicale (soit 2,4 Gha). La FAO annonce 4 milliards d'ha en 2005. Parmi les forêts tropicales, celles qui peuvent être considérées comme "humides" et productrices couvrent 750 Mha, dont 27 % (202,5 Mha) en Afrique, 27 % (202,5 Mha) en Asie et 46 % (345 Mha) en Amérique latine.

Les forêts tropicales résistent mal aux défrichements, alors qu'elles sont souvent des héritages d'un passé climatique révolu, et sont alors des relictes non renouvelables

Les forêts tropicales sont beaucoup plus menacées que les forêts tempérées, et il est très regrettable qu'elles soient défrichées très officiellement, comme en Amazonie et dans la partie malaisienne de Bornéo, ou illégalement, comme en Indonésie ou en Côte d'Ivoire. La surface des forêts d'Indonésie est passée de 162 Mha en 1950 à 98 Mha en 2000 (soit une disparition annuelle de 1,2 % de la ressource) et les forêts qui restent sont les moins intéressantes. En Afrique, 52 Mha ont été dévastés entre 1990 et 2000.

La forêt amazonienne s'étend sur 6,6 millions de km² (soit 12 fois la superficie de la France) répartis sur 9 pays : Brésil (pour 4,2 Mkm²), Pérou, Guyana, Suriname, Guyane, Colombie, Bolivie, Venezuela, Équateur.

Enfin, l'un des rôles écologiques les plus importants des forêts est d'être des réserves de biodiversité.

Les forêts s'étendent sur environ un tiers de la surface des continents. En plus du bois, elles fournissent de nombreux produits secondaires trop souvent oubliés dans les statistiques. Elles protègent les sols et jouent un rôle amortisseur pour le climat, en particulier parce qu'elles emmagasinent du CO_2.

Elles sont aussi une réserve de biodiversité irremplaçable, et la destruction des forêts tropicales pour les remplacer par des cultures est une catastrophe irréversible.

1.4 Un modèle très général pour la gestion des ressources d'un territoire et des paysages

1.4.1 La modalisation de la gestion des territoires

La gestion des ressources alimentaires, des ressources en eau et la construction de bâtiments et de voies de circulation est au cœur de l'aménagement des territoires et des paysages, qui comprennent aussi bien les espaces naturels que ceux qui sont transformés par les actions humaines [5].

Une vue d'ensemble du fonctionnement des paysages est nécessaire pour connaître les ressources potentielles qu'ils peuvent donner et les bilans des revenus et des dépenses correspondants, Ce fonctionnement complexe peut être approché à l'aide d'un "modèle" qui doit être très simple parce qu'il est construit avec les gestionnaires de l'espace qui apportent leurs connaissances sur le territoire.

Ce modèle doit aussi présenter explicitement l'évolution au cours du temps de chacun de ses éléments, par exemple en utilisant des tableaux emboîtés nommés "tenseurs". L'élaboration de ce genre de modèle est présentée dans le chapitre 8 d'*Écologie et évolution du monde vivant* (Ed. L'Harmattan).

1.4.2 Les problèmes des villes et des campagnes

Jusqu'à maintenant, nous avons réfléchi sur les problèmes de l'espace rural peu ou moyennement

---

[5] M. Godron et H. Joly, 2008, *Dictionnaire du paysage*, Ed. Conseil international de la langue française, 278 p.

artificialisé et il est nécessaire de voir aussi les problèmes des villes et de leurs relations avec l'espace rural[6].

Une ville fonctionne comme un organisme animal particulier, fixé à son substrat et s'alimentant aux dépens de son environnement extérieur (en termes plus savants, elle est hétérotrophe). Ce type d'organisme peut vivre seulement dans un milieu nourricier : ce n'est pas par hasard que la plupart des animaux fixés habitent les eaux, qui leur fournissent des particules alimentaires. Une ville consomme des produits qu'elle importe, et elle concentre l'équivalent de son activité musculaire sur l'animation de ses fonctions circulatoires, sans avoir à se déplacer.

Les avenues, les boulevards, les rues, les ruelles et même les impasses constituent l'essentiel du système circulatoire, qui apporte les aliments et les objets nécessaires jusqu'aux usines, ateliers, commerces, administrations, etc. et jusqu'aux "cellules" consommatrices que sont les maisons. Ce réseau apporte l'énergie sous forme solide (charbon et bois) et il évacue aussi les déchets solides en posant les mêmes problèmes que le transit intestinal. Parallèlement, les canalisations de gaz de ville et de vapeur du chauffage urbain s'ajoutent aux fils électriques pour apporter partout l'énergie chimique, calorifique et électrique.

Le réseau d'alimentation en eau potable et des égouts en est le complément pour l'alimentation en liquides et pour l'évacuation des effluents. Les stations d'épuration sont la partie principale du système excréteur et sont ainsi l'équivalent des reins. Il apparaît alors que les animaux les plus simples qui sont le modèle de la ville sont les Éponges.

---

[6] R. Forman, 2019, *Towns, Ecology, and the Land*, Cambridge Univ. Pr., 583 p.

L'équivalent du système nerveux est évidemment le réseau de circulation de l'information (fils de cuivre, fibres optiques, ondes radio-électriques).

Au début du XXIe siècle, l'ONU prévoyait pour 2020 : Tokyo 37 millions d'habitants, Bombay 26, Delhi 26, Dacca 22, Mexico 22 Sao Paulo 22 Lagos 22, Djakarta 21 New-York 20 Karachi 19 Calcutta 19 Buenos Aires 16 Le Caire 14 Manille 13 Los Angeles 13, Rio de Janeiro 13 Istanbul 13, Shangaï 13, Moscou 12, Osaka-Kobé 12, Lima 10, Paris 10, Séoul 9, Londres 9.

L'ONU estime que le pourcentage de la population qui vit dans les villes est passé de 30 % en 1950 à 49 % en 2010, à 54 % en 2015 (soit 4 milliards de personnes) et qu'il atteindra 63 % en 2035 et 68 % en 2050.

Dans *Populations et sociétés*, la revue de l'Institut national d'études démographiques, **J. Véron** (2007) a publié une remarquable analyse de la vie actuelle dans les villes du monde. Ce rapport montre que l'urbanisation est souvent un frein au développement, parce qu'elle augmente les difficultés d'accès au travail, les problèmes de logement des personnes, la pollution de l'atmosphère, les problèmes de circulation urbaine.

Laurent Davezies (*La crise qui vient*, Seuil, 2012) a fort bien montré comment les villes doivent être solidaires de l'espace rural où elles sont immergées.

Le modèle de Christaller donne la répartition optimale de la population dans les villes en fonction de leur taille. Pour la France, il montre que

Le modèle de Christaller donne la répartition optimale de la population dans les villes en fonction de leur taille.

Pour les grandes villes de France et pour 5 niveaux hiérarchiques :

Au niveau 1 :	une ville de	6.337.500	habitants
Au niveau 2 :	3 villes de	2.112.500	habitants
Au niveau 3 :	7 villes de	905.357	habitants
Au niveau 4 :	12 villes de	528.125	habitants
Au niveau 5 :	18 villes de	352.083	habitants

Chapitre 2

La gestion des ressources en eau

L'humanité est extrêmement dépendante de l'eau, d'abord pour l'eau potable qui nous est nécessaire pour rester en vie, mais aussi pour l'abreuvement du bétail, pour l'irrigation des cultures et pour toutes les industries. Il est significatif que, en persan, *ab* signifie l'eau, *abad* l'habitat et *abadan* la civilisation.

L'eau existe en grande quantité dans la nature, mais elle ne devient utilisable qu'au prix de dépenses importantes, même lors du simple creusement de puits pour l'alimentation en eau des populations rurales.

2.1 L'eau sur la Terre

La quantité totale d'eau présente sur la Terre atteint 1,4 milliards de km^3, et l'eau douce représente seulement 40 millions de km^3 (3 % du total) :

Eau douce	
Glaciers et neiges éternelles	2,15%
Eau douce souterraine	0,63 %
Marais et sols engorgés	0,005%
Lacs, fleuves et rivières	0,01 %
Océans et mers	97,3%

2.2 La consommation d'eau douce

La consommation directe d'eau potable par les ménages est :

États-Unis	350 litres par jour et par habitant,	soit 125 m3 par an
Europe	200 - - - - - - -	soit 70 m3 par an
Inde	30 - - - - - - -	soit 11 m3 par an

Au XXe siècle, la consommation d'eau dans le monde a augmenté deux fois plus vite que la population.

Le rapport de l'ONU présenté au Forum mondial de l'eau (Mexico, 2006) estime que 1,3 milliards de personnes (soit 20 % de la population mondiale) n'ont pas d'accès à l'eau potable à leur domicile et que 2,6 milliards de personnes (soit 40 % de la population mondiale) n'ont pas accès à un système d'assainissement des eaux usées et des fosses d'aisance.

La Banque mondiale a estimé en 2015 la consommation annuelle d'eau, en Mds m^3 (colonne de gauche) et le pourcentage de la population qui a accès à des toilettes (colonne de droite) :

Asie du Sud	1.023	40 %
Asie de l'Est	949	63 %
Europe et Asie centrale	226	90 %
Amérique lat. et Caraïbes	221	62 %
Moyen-Orient et Afrique du Nord	276	91 %
Afrique subsaharienne	116	30 %

En 2017, la ville du Cap, en Afrique du Sud, a rationné l'eau potable à 50 l par jour et par foyer pendant plusieurs mois. Sao Paulo et Los Angeles ont aussi manqué d'eau potable. Dans le monde, l'eau d'irrigation des cultures représente 70 % de la consommation totale (il faut 750 tonnes d'eau pour produire une tonne de maïs) et la moitié de cette eau est perdue par évaporation.

Selon le rapport général de l'ONU de 2019, 1,9 milliards de personnes (dont les ¾ en Asie) vivent dans des régions où l'eau risque de devenir rare. La consommation d'eau a été multipliée par 6 entre 1919 et 2019, où elle a atteint 4 000 km^3 et qu'elle doit augmenter de 20 % à 50 % d'ici 2050. En 2050, nous serons 10 milliards d'humains et 3,2 milliards de personnes risquent de manquer d'eau, et même 5,7 milliards si l'on tient compte des variations saisonnières. Le changement climatique risque de rendre les régions sèches encore plus sèches.

Pour rattraper notre retard, la première action est de réduire le gaspillage d'eau potable en agriculture, et en réduisant l'utilisation de l'eau potable par les industries et les commerces.

Le dessalement de l'eau de mer

Au total, dans le monde, 8 % de l'eau potable était issue d'usines de dessalement en 2013. En 2015, 16.000 usines installées dans 120 pays produisaient de l'eau potable pour 200 millions de personnes. Le dessalement de l'eau de mer revient à 1€/m^3 au prix actuel de l'énergie.

> Les experts du Programme mondial des Nations unies disent que l'eau disponible pour toute l'humanité risque de manquer bientôt sur notre planète : au rythme actuel, le monde devra trouver 40 % d'eau douce disponible supplémentaire dès 2030.
>
> Il est donc urgent de changer radicalement notre manière d'utiliser l'eau douce.

2.3 La gestion de l'eau en France

Selon le rapport de l'agence Statistiques-développement du ministère chargé de l'environnement en 2015, le volume moyen annuel des précipitations reçues par la France est évalué à 501 milliards de m^3 (MMdm^3). 60 % de ce volume d'eau rejoint directement l'atmosphère par évaporation (ou plutôt par évapo-transpiration) directe.

La qualité des masses d'eau de la France reste médiocre, parce que l'eau envoyée dans les rivières n'est pas suffisamment débarrassée des polluants.

Pour des motifs idéologiques, le ministère chargé de l'environnement a concentré les programmes d'amélioration des masses d'eau sur la création d'une continuité écologique fantasmée et non pas sur les stations d'épuration.

Chapitre 3

Les ressources en biodiversité et trois modèles très généraux

3.1 La disparition des espèces rares

L'aspect le plus médiatisé de la biodiversité est la disparition des espèces rares telles que le Tigre de Sibérie, le Rhinocéros blanc, le Condor, le Gorille des montagnes[1], etc.

Le défrichement des forêts est l'une des causes les plus lourdes de la disparition catastrophique des espèces rares qui est une perte irréparable pour l'humanité.

Tous les comptages montrent qu'il est insuffisant de se passionner pour la conservation de ces espèces emblématiques et qu'il est aussi important de préserver la biodiversité des espèces ordinaires en essayant de mieux comprendre le rôle de toutes les espèces dans l'équilibre de la biosphère, en s'appuyant sur trois "modèles" biologiques.

3.2 Trois modèles d'évolution des communautés

3.2.1 La croissance des populations selon le modèle de Verhulst[2]

Ce modèle montre comment le nombre d'individus d'une population nouvelle qui s'installe dans une région s'accroît

---

[1] Les noms d'espèces ont droit à la majuscule comme le recommandent les *Règles typographiques* de l'Imprimerie nationale.

[2] Pierre-François Verhulst 1804-1849 est un mathématicien belge qui s'est intéressé à l'accroissement de la population. La justification

"exponentiellement", puis ralentit et se stabilise autour de la "capacité de charge" (figure 3-1).

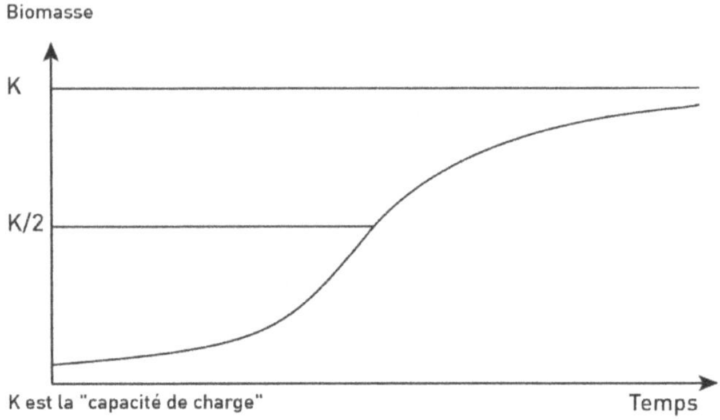

Figure 3-1 La croissance du nombre d'individus d'une
.... population selon Verhulst

Les tactiques r et K

Pour survivre dans les luttes de la concurrence, les plantes et les animaux utilisent des "tactiques" analogues aux actions intuitives des fantassins qui veulent conquérir un village plutôt qu'aux stratégies des états-majors.

La gamme des tactiques des espèces est très large et ses deux extrêmes correspondent respectivement au début et à la fin de la courbe de Verhulst (figure 3-1), et qui sont nommées tactiques **"r"** et **"K "**.

La tactique "r" est celle de la partie gauche de la courbe de Verhulst, où la croissance est exponentielle Elle est utilisée par des espèces de petite taille, dont le taux de reproduction d'une génération à la suivante "**r**" est élevé. Le nombre d'individus peut alors augmenter rapidement. Cependant, il diminue brutalement quand arrive un accident (maladie, prédation, gelée, sécheresse, manque de nourriture, etc.) qui affecte la population qui a pullulé.

---

mathématique de ce modèle est instructive (voir le paragraphe 35 d'*Écologie et évolution du monde vivant*, Ed. L'Harmattan.)

Après cette chute, la population reprend sa place grâce à son taux de croissance, "**r**" élevé.

La tactique "K" est celle des espèces de la partie droite de la courbe, installées depuis longtemps et qui ont une longue durée de vie parce que chaque individu possède de bonnes capacités de résistance aux perturbations, mais aussi un taux de reproduction très faible.

L'évolution à long terme des institutions humaines

Ce modèle s'applique aussi aux sociétés humaines : au cours de leur vie, les institutions humaines commencent par être petites et, grâce à leur structure légère et réactive, elles profitent de la tactique **"r"** pendant plusieurs années pour croître rapidement, selon la courbe exponentielle du début de la courbe de Verhulst (figure 3-1), Les exemples récents sont le garage de Californie où Steve Jobs construisit les premiers ordinateurs *Apple*, la grange du Languedoc où Bertin Nahum réalisa son premier robot d'assistance chirurgicale, etc..

Une grande partie de ces jeunes entreprises agiles (de type "**r**") disparaît assez vite. Les entreprises qui survivent continuent à grossir, elles renforcent leur structure et s'alourdissent, ce qui ralentit leur croissance et elles arrivent au point d'inflexion à partir duquel leur taux de croissance annuel diminue. Les grosses entreprises cessent habituellement d'évoluer et se sclérosent. Elles atteignent alors progressivement le niveau "**K**" où elles se sentent "*too big to fail*" alors qu'elles risquent de s'effondrer aussi brutalement qu'un château de cartes comme *Lehman Brothers*, ou comme les pyramides de Ponzi.

Pour les entreprises et pour les gouvernements, cette fragilité des "**K**" est nommée aux USA "syndrome du Condor" puisque cet oiseau majestueux n'est plus capable de s'adapter aux changements écologiques qui affectent ses montagnes natales.

Les pays émergents sont souvent des tacticiens "**r**". C'est le cas de l'Afrique pour le XXI e siècle.

Le maréchal Lin Piao, dauphin de Mao Zedong, avait fait remarquer en 1966 que les Chinois étaient alors typiquement des tacticiens **"r"** qui supporteraient plus facilement une guerre atomique que les tacticiens "**K**" que sont les USA : des bombes atomiques lancées sur New-York, Washington, Chicago, etc. réduiraient à néant le système économique américain, alors que la destruction de Pékin, Shanghai, Chongqing, Canton, etc. ferait certes périr une centaine de millions de Chinois, mais laisserait en vie plus de 900 millions de ruraux rustiques qui assureraient l'avenir de la Chine. Cette argumentation cynique a peut-être inspiré le président de la Corée du Nord qui nargue les États-Unis et les oblige à négocier.

En France, notre démographie sclérosée de type "**K**" a imposé le principe de précaution, qui bloque l'innovation et impose des batteries de règlementations inadaptées à la diversité des cas particuliers.

Ce sont principalement les espèces de type "**K**", selon le modèle de Verhulst qui sont menacées de disparition.

Pour préserver ces espèces, la lutte contre le commerce illégal et contre le braconnage est la première priorité. Cette lutte devra impliquer les populations locales dans la gestion des richesses naturelles pour qu'elles en tirent tout le profit possible.

A l'opposé, les espèces invasives sont de type "**r**" et la meilleure méthode pour les réduire est la lutte biologique.

3.2.2 La loi 20-80 de Pareto

Un modèle multivalent

L'étude des prairies du Cantal a montré à Philippe Daget et Jacques Poissonet que plusieurs espèces bien différentes peuvent devenir "dominantes" dans ces prairies. Cependant la distribution des fréquences de l'ensemble des espèces garde la même forme dans les situations écologiques très diverses de ces prairies de montagne, et ils ont observé que la somme des fréquences des trois espèces dominantes de toutes les prairies était toujours proche de 80 % de la somme des fréquences de toutes les espèces.

Un économiste leur a alors fait remarquer que cette constatation rejoignait la règle 20-80 établie par Vilfredo Pareto, successeur de Léon Walras, auteur d'un important *Traité de sociologie générale* (1917, Librairie Droz).

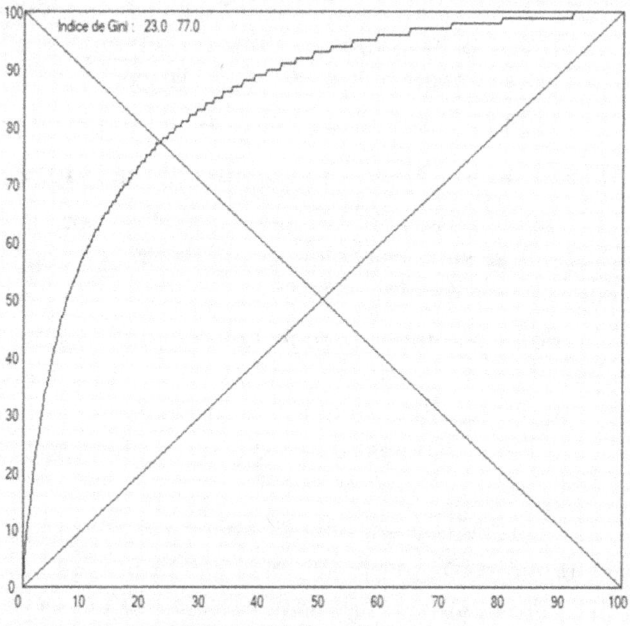

Figure 3-2 La courbe de Pareto

Dans la courbe de Pareto (figure 3-2), l'ordonnée du premier point à droite de l'origine est la fréquence de l'espèce la plus fréquente ; l'ordonnée du deuxième point est la somme des fréquences des deux espèces les plus fréquentes, l'ordonnée du troisième point est la somme des fréquences des trois espèces les plus fréquentes, etc. et le dernier point de la courbe, de coordonnées 100 % et 100 % est celui de l'espèce la moins fréquente.

L'indice de Pareto est le doublet des coordonnées du point de rencontre de la deuxième diagonale du carré et de la courbe de Pareto.

Cette paire de nombres résume bien mieux que l'indice de Gini l'inégalité de la répartition de la puissance des espèces dans la compétition. Sa valeur moyenne dans les communautés en équilibre est 20-80, ce qui a une double signification :

- les 20 % d'espèces qui sont dominantes monopolisent 80 % des fréquences et donc de la biomasse ;
- symétriquement, les 80 % d'espèces dominées ne représentent que 20 % du total de la biomasse.

L'explication de l'inégalité mesurée dans la loi 20-80

Les économistes ont reconnu l'intérêt du coefficient de Pareto, mais ce sont les écologues qui ont trouvé pourquoi le système arrive à l'équilibre 20-80 :

1) Pour commencer, considérons une communauté installée dans un territoire homogène et supposons que, dans son état initial, toutes les espèces ont la même biomasse. Le coefficient de Pareto serait alors exactement égal à 50-50.

2) Dans cette communauté, une espèce E qui est dans son optimum écologique se développera un peu plus vite que les autres, et le coefficient passera progressivement à 49-51, puis 48-52, etc.

3) Ce développement inégal est-il durable ? Si les contraintes écologiques se maintiennent à leur niveau initial, l'espèce E pourra se développer toujours plus, le coefficient sera de plus en plus déséquilibré et il pourrait atteindre sa limite 0-100.

4) C'est l'hétérogénéité spatiale et temporelle des contraintes écologiques qui maintient l'équilibre autour de 20-80, parce que :

- aucun territoire n'est parfaitement homogène et une espèce E qui est plus douée que ses voisines sur une partie du territoire sera au contraire handicapée sur le reste du territoire ;
- les capacités concurrentielles d'une espèce ne sont jamais constantes au cours des saisons : certaines espèces se défendent bien contre la sécheresse de l'été, d'autres contre le froid de l'hiver, etc., et les unes ou les autres prennent leur revanche au fil des variations temporelles de l'environnement.

La végétation nous aide ainsi à comprendre que le coefficient de Pareto exprime d'une manière très synthétique l'équilibre atteint par la communauté, aussi bien pour les entreprises ou les citoyens d'un pays que pour les plantes d'une prairie.

Les cybernéticiens diront alors que la **régulation** qui s'effectue autour des proportions 20 et 80 fait osciller le système autour d'une situation moyenne qui résulte de l'existence d'un attracteur de stabilité.

3.2.3 Le maintien de la biodiversité

La diversité des espèces est un élément essentiel du fonctionnement des systèmes biologiques. Par exemple, les espèces carnassières situées en haut de la pyramide alimentaire sont des régulatrices de l'équilibre de la communauté, même si elles sont rares.

Une plante rare peut être un maillon indispensable de la chaîne alimentaire : par exemple certains Saxifrages très mellifères qui vivent seulement sur des parois rocheuses permettent aux Insectes pollinisateurs de survivre pendant la saison sèche.

La biodiversité est un élément moteur du fonctionnement et de la résistance aux perturbations des communautés végétales et animales. La mesure de la biodiversité est alors un indice de leur état de santé. A l'échelle des paysages, elle est liée à l'hétérogénéité de l'environnement, comme le montre la loi de Pareto et elle participe à l'équilibre dynamique du système.

Les espèces rares sont une ressource génétique irremplaçable.

La biodiversité d'une communauté végétale, animale ou humaine est un atout pour sa résistance aux perturbations.

La perte de biodiversité des cultures intensives menace leur durabilité, à cause de la diminution des animaux utiles et en particulier des pollinisateurs.

La loi de Pareto explique comment se régulent les équilibres dynamiques entre les éléments d'une communauté végétale, animale ou humaine en fonction de l'hétérogénéité de son environnement, et indique le "sens" de son évolution.

3.3 Le modèle des montagnes russes

Au début du premier chapitre, il a été vu que les innovations agricoles du Néolithique ont multiplié par 10 la population qui peut vivre dans un territoire.

Pour voir comment notre planète pourra nourrir l'augmentation de la population humaine qui est en cours, il est utile de regarder comment le mode de vie de l'humanité a évolué au cours de quatre longues phases de stabilité séparées par des moments de changement rapide, en auscultant le petit "modèle" biologique très général de la figure 3-3, qui est admis en écologie depuis plus de vingt ans.[1]

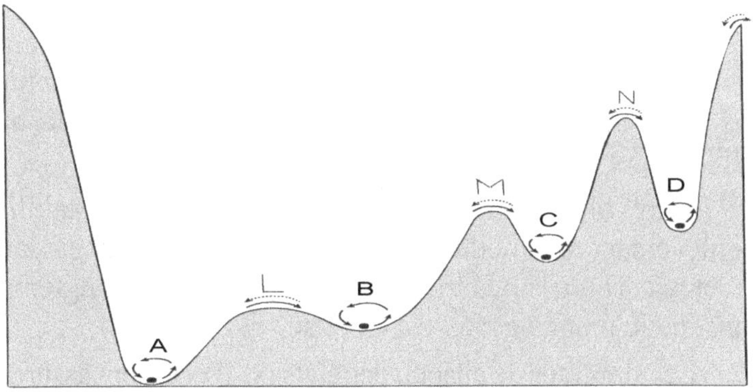

Figure 3-3 Cette figure simplifiée représente les déplacements d'une bille pesante sur des "montagnes russes". Elle montre comment un système reste durablement régulé dans des états assez stables (A, B, C, D) séparés par des moments de crise (L, M, N). L'ordonnée de ce graphique est l'inverse de la résistance du système aux perturbations ; dans les creux, la résistance élastique maintient le système autour de sa situation moyenne ; lors de crises, le système n'est plus capable de résister aux perturbations et sort de son creux.

---

[1] 1984, M. Godron *Écologie de la végétation terrestre,* Masson, Paris, 196 p.
1986 R. Forman et M. Godron *Landscape Ecology* Wiley, 680 p
1994 *in* Pascal Acot, ed. *La maîtrise du milieu,* Vrin, Paris. : 101-112

Le Paléolithique des chasseurs-cueilleurs a duré presque 200 000 ans et il est représenté par le creux A où les régulations stabilisantes sont faibles. Le Néolithique des civilisations agraires, où les réserves de nourriture et le troupeau domestiqué permettaient de réguler le système pour qu'il subsiste pendant la saison défavorable, s'est installé au Moyen-Orient, en Égypte, en Chine et en Amérique centrale à partir de – 10 000, et il se situe dans le creux B.

Les empires et les royaumes qui ont été dominants jusqu'au XIXe siècle reposaient sur une structure hiérarchisée stable fondée sur des sociétés à base rurale, qui est le creux C.

La révolution industrielle a été une période d'instabilité bouleversant nos modes de vie et elle nous a conduits dans le creux D où nous ne pourrons pas rester longtemps puisque le monde actuel est en crise.

Les stabilités de chacun des états A, B et C sont assurées par des régulations qui permettaient d'équilibrer dynamiquement à long terme le système des ressources et des consommations : les régulations du Paléolithique étaient faibles et purement "naturelles", celles des creux B et C étaient fondées sur le contrôle des ressources alimentaires par l'agriculture et l'élevage ("les deux mamelles de la France" disait encore Sully au XVIe siècle). Celles du creux D reposaient sur des techniques industrielles utilisant du charbon, du pétrole et des ressources minières abondantes. Elles ne sont plus suffisantes aujourd'hui, puisqu'il nous faut affronter l'augmentation de la population mondiale, le changement climatique, et la crise économique et financière qui s'est amorcée en 2008. Pour nourrir, vêtir et loger 12 milliards d'humains en 2100, de nouvelles régulations devront être trouvées.

Le schéma de la figure 3-3 est évidemment une extrême simplification de la réalité multiple et complexe du monde actuel ; sa justification et ses applications demanderaient de plus longues explications[2], et, cependant, il nous aide à mieux comprendre que les nouvelles régulations qui sont nécessaires exigeront une conversion de nos mentalités qui sera esquissée dans le dernier chapitre.

Conclusion générale du chapitre 3

La biodiversité est, avec le climat, un des éléments dont l'équilibre dynamique autour d'un attracteur est essentiel pour la biosphère.

Trois "modèles" écologiques simples expliquent les régulations qui existent dans le monde vivant et dans nos sociétés humaines grâce à leur biodiversité.

[2] Elles sont présentes dans *Écologie et évolution du monde vivant*, 2012-2019, Éd. De L'Harmattan, 3 vol.

Chapitre 4

Les ressources énergétiques et minérales

Le problème des ressources énergétiques et minérales, du changement climatique et de la transition énergétique sont étroitement liés. Commençons donc par le plus simple, qui est celui des énergies disponibles.

4.1 Les énergies fossiles

Le rapport de P. Boisson (Commissariat général au plan) notait que, en 1950, les 2,5 milliards d'hommes consommaient 1,6 milliards de tonnes d'équivalent pétrole (Gtep), soit 0,64 tep par personne et que, en 1995, les 5,7 milliards d'hommes consommaient 9 Gtep, soit 1,57 tep par personne, ce qui correspond à un doublement de la consommation par personne.

Dans le monde, la production d'énergie primaire se composait en 2014 de 82% d'énergies fossiles dont 31% de pétrole, 28% de charbon et 23% de gaz. Le nucléaire et l'hydroélectrique comptaient pour 11%, le complément était 4% de bois et 3% d'énergies renouvelables.

Le Congrès mondial de l'énergie de 2004 attirait l'attention sur un indice qui va devenir de plus en plus important, "l'efficacité (ou l'intensité) énergétique", qui est la quantité d'énergie nécessaire pour produire 1 euro. Elle s'exprime en kWh/€ ; plus elle est faible, plus l'économie est performante : en 1973 il fallait plus de 7 kWh pour produire 1 euro de richesse, en 2014 se chiffre a été réduit à 2,3 kWh pour 1 euro.

voisin de 110 $ jusqu'au début de 2014, Il est ensuite descendu fortement, parce que les USA ont augmenté leur production venant des schistes jusqu'à 10 millions de barils par jour. Cette baisse de prix a entamé le trésor que les pays du Golfe avaient amassé pendant dix ans (cnviron 2 400 Mds$) et a mis en difficulté l'Algérie, le Venezuela et même la Russie.

En décembre 2016, après la décision de l'OPEP de réduire de 1,2 millions de barils par jour sa production de pétrole, pour faire remonter les cours, onze pays (Russie, Mexique, Kazakhstan, Malaisie Oman, Azerbaïdjan, Bahreïn, Guinée équatoriale, Soudan du Sud, Soudan, Brunei, représentant 55 % de la production mondiale) ont décidé de réduire leur production de 558 000 barils par jour. Le prix du baril de Brent à Londres est aussitôt monté de 4 %, à 56,5 dollars.

L'augmentation du prix du pétrole depuis une trentaine d'années est impressionnante, mais elle doit être comparée à l'augmentation du pouvoir d'achat : pour un salarié français moyen, 7,8 minutes de travail étaient nécessaires pour acheter un litre de carburant en 1970, et ce temps est descendu à 4,3 minutes en 2005. Ces chiffres sont d'autant moins contestables qu'ils sont donnés par le président de la Fédération nationale des associations d'usagers des transports, qui reconnaît que la taxe interne sur les produits pétroliers est descendue, pour le supercarburant, de 74 % en 1970 à 66 % en 2005. C'est un exemple typique du manque d'objectivité des Français en ce qui concerne leur pouvoir d'achat et leur niveau de vie. Un autre exemple est l'impression erronée que les prix ont augmenté lors de l'adoption de l'euro et certains dirigeants politiques malhonnêtes en profitent pour envoyer des infox sur les réseaux sociaux et pour proposer d'abandonner l'euro.

4.1.2 Le gaz naturel

Le gaz naturel est l'énergie fossile la moins néfaste pour l'environnement, Entre 2003 et 2013, la production mondiale de gaz a affiché une hausse de 29 %. Le gaz est directement utilisable et son acheminement par gazoduc est peu coûteux.

Le gaz naturel couvrait, en 2002, 21 % de la consommation mondiale d'énergie "primaire". La production mondiale s'élevait à 9,3 milliards de m^3 par jour en 2017.

Les producteurs majeurs sont :

- Les États-Unis avec une production de 688 milliards de m^3, soit 20,5 % de la production mondiale ;
- La Russie avec 605 milliards de m3, soit 17,8 %
- L'Iran avec 167 milliards de m3 soit 4,9 %

L'exploitation des gaz de schiste a permis d'augmenter considérablement les réserves estimées. Les États-Unis ont réussi, grâce au remplacement du charbon par le gaz de schiste dans la génération d'électricité, à réduire leurs émissions de gaz à effet de serre (GES) de 15 %.

4.1.3 Le charbon

Les réserves mondiales de charbon sont estimées à 1.000 milliards de tonnes (30 % en Extrême-Orient, 25 % en Amérique du Nord, 22 % en Russie-Sibérie-Ukraine, 11 % en Europe et 8 % en Afrique) soit 200 ans de consommation au rythme actuel. Mais la combustion du charbon est très polluante et produit beaucoup de CO_2.

La production mondiale de charbon a considérablement augmenté depuis l'an 2000 (en milliards de tep) :

1971	1985	1995	2001	2006	2011	2013
1,5	2	2,4	2,6	3,4	3,7	4,1

Source : Agence internationale de l'énergie

La Chine est le premier producteur et consommateur de charbon (50,6 % du total), Viennent ensuite les États-Unis 11,7 %, l'Inde, 9,3 %, le Japon 3,3 %, l'Afrique du Sud 2,3 %, la Russie 2,2 %, la Corée du sud 2,2 %, l'Allemagne 2,0 %, la Pologne 1,6 %, l'Indonésie 1,4 %, l'Australie 1,1 %, Taiwan 1,1 %, l'Ukraine 0,9 % et le reste du monde 10,3 % (*Statistical Review* 2015).

Les prédictions pessimistes du Club de Rome au sujet de l'épuisement des ressources en énergies fossiles (pétrole, gaz et charbon) n'ont pas été vérifiées dans la réalité : les réserves de pétrole restent constantes parce que les découvertes compensent la consommation, qui a continué à croître au moins jusqu'en 2018.

Le coût d'extraction du pétrole et du gaz augmentera fortement dans les décennies à venir.

4.1.4 L'uranium

Les réserves mondiales d'uranium sont (en millions de tonnes) : Australie 1,7 Mt, Kazakhstan 0,7 Mt, Russie 0,5 Mt, Canada 0,5 Mt, Niger 0,4 Mt, Namibie 0,4 Mt, Afrique du Sud 0,3 Mt, Brésil 0,28 Mt, USA 0,2 Mt, Chine 0,2 Mt, Mongolie 0,14 Mt, Ukraine 0,1 Mt, soit un total de 5,43 Mt. Ces réserves mondiales d'uranium sont capables d'assurer 100 ans de consommation au rythme actuel.

Le prix de l'uranium (en dollars par livre) a fortement augmenté : 5,8 en 2001, 18 en 2003, 39 en 2005, 130 en 2007, soit une multiplication par 22 en 7 ans. C'est dire que les gouvernements ont compris que les besoins en uranium allaient rapidement augmenter.

Les réacteurs "sur-régénérateurs" (en particulier les réacteurs GFR à neutrons rapides refroidis au gaz ou au sodium) qui produisent plus de matière fissile qu'ils n'en consomment permettraient aux réserves des mines d'uranium de durer plus de 1.500 ans. Ils peuvent aussi transformer les déchets radio-actifs en isotopes moins dangereux. Malheureusement, une inénarrable ministre écologiste a imposé le démantèlement d'un réacteur expérimental de ce type, alors que d'autres pays les utilisent : la Russie à Béloïarsk (BN 600, BN 800, BN 1200), la Chine avec le réacteur CEFR couplé au réseau en 2013. L'Inde et le Japon ont aussi continué à améliorer ce type de réacteur.

4.2 Les énergies renouvelables

Les énergies renouvelables les plus importantes en termes de production sont actuellement, par ordre décroissant, l'hydraulique, l'éolien, le solaire, la biomasse, et la géothermie.

La production mondiale d'électricité venant des énergies renouvelables, et en particulier des centrales hydroélectriques, a atteint 4 699 TWh en 2012 soit 20,8 % de la production mondiale d'électricité. Entre 2002 et 2012, la production d'électricité à partir des énergies renouvelables a augmenté de 58,7%.

L'énergie solaire fournissait en 2013 2%, de l'énergie mondiale, la géothermie 1,5 % et les énergies marines 0,01 %.

Les principaux producteurs d'hydroélectricité sont la Chine, le Brésil, le Canada, les États-Unis et la Russie, ils produisaient 56 % de la production mondiale en 2012.

L'énergie solaire fournissait en 2013 2%, de l'énergie mondiale, la géothermie 1,5 % et les énergies marines 0,01 %. Les éoliennes produisaient 534 TWh en 2012, et 36,8 % étaient issus des parcs éoliens d'Europe de l'Ouest. Selon Windeurope, en 2017, les éoliennes représentaient 12 % de l'électricité produite en Europe, et 18 % en 2018. Le pays le plus performant est le Danemark qui couvre 41 % de ses besoins en électricité avec l'éolien.

Les principaux producteurs d'énergie tirée de la biomasse sont les États-Unis avec 63 TWh, le Brésil avec 42 TWh et l'Allemagne avec 41 TWh, soit une production d'énergie représentant 6,9 % de la production mondiale en 2012. Le biogaz, avec la méthanisation des déchets, a le double avantage de produire de l'énergie et de traiter les déchets. En 2013, le biogaz représentait 3,5 % de la consommation globale de gaz naturel européen.

Progressivement, le prix du kWh venant des énergies renouvelables se rapproche du prix moyen. L'avenir des énergies renouvelables sera discuté dans le paragraphe consacré à la transition énergétique.

4.3 Les ressources minérales

Elles sont très diverses et leur consommation a considérablement augmenté au cours des dernières décennies.

Le platine et le palladium sont de plus en plus utilisés dans l'industrie, et les réserves principales, situées en Afrique du Sud, seront épuisées dans quelques dizaines d'années. Les "nouvelles technologies" utilisent de nombreux métaux rares : le gallium, le germanium, le hafnium, l'indium, le lithium, le néodyme, le niobium, le palladium, le rhénium, le molybdène, le rhodium, dont le prix a atteint 300.000 dollars le kilo, le sélénium, le tantale, éventuellement les "terres rares" *sensu stricto* (Sc Scandium, Y Yttrium, La Lanthane, Ce Cérium, Pr Praséodyme, Nd Néodyme, Pm Prométhium, Sm Samarium, Eu Europium, Gd Gadolinium, Tb Terbium, Dy Dysprosium, Ho Holmium, Er Erbium, Tm Thulium, Yb Ytterbium et Lu Lutécium).

L'un des produits minéraux qui devient rare est le sable destiné au béton. Aller le chercher en mer près des côtes risque de créer des dommages collatéraux.

Les phosphates utilisés en agriculture ne peuvent pas être remplacés par un produit de substitution. Le recyclage du phosphore, en particulier dans les stations d'épuration, sera une ressource nouvelle importante.

4.4 Les ressources minérales sous-marines

L'exploitation des minerais des gisements océaniques a commencé au nord-est de la Nouvelle-Zélande, près de Rabaul : un arc volcanique a créé des fumeurs noirs le long d'une ancienne faille, à 1.500 m de profondeur, et les sulfures ou chlorures des gaz émis ont donné des minerais très riches en manganèse, en cuivre, en zinc, en plomb avec des concentrations beaucoup plus fortes que dans les minerais terrestres. On y trouve aussi des métaux rares (argent, or, platine, cobalt, nickel, molybdène, titane, gallium, indium, sélénium). Le gisement est concentré sur de petites surfaces et il contient pourtant plus de 2 millions de tonnes de minerais.

Des campagnes de cartographie très précise des fonds sous-marins sont entreprises par l'Ifremer, en particulier autour de la Nouvelle-Calédonie et d'îles de Polynésie.

Des prospections ont lieu aussi près de l'île de Clipperton, dans le Pacifique au large du Guatemala.

1) Le prix des minéraux rares va augmenter au bénéfice des pays producteurs qui risquent de devenir monopolistiques.

2) Les possibilités de remplacement d'un métal utile par un autre élément ne sont pas négligeables, et les innovations apportées par les chimistes et les métallurgistes peuvent permettre des ajustements progressifs.

3) Les variations erratiques des cours des minerais sont aussi dommageables pour les producteurs que pour les utilisateurs. Pour les réduire, des contrats d'approvisionnement à moyen terme sont possibles, sauf dans le cas de monopoles à l'échelle du monde. La Chine pourrait abuser de sa position dominante, et le seul moyen de l'éviter est le renforcement des accords multilatéraux. Donald Trump est-il capable de comprendre que *son America first* risque d'appauvrir les États-Unis ?

Chapitre 5

Le changement climatique et la transition énergétique

Le changement climatique est un phénomène complexe et il sera abordé en commençant pas son aspect le plus simple, qui est le réchauffement de la basse atmosphère.

5.1 Le réchauffement de la basse atmosphère et le CO_2

La température de l'atmosphère a augmenté en moyenne de 1°C (de 0,6°C à 2°C selon les lieux) entre 1861 et 2000 et elle risque d'augmenter de 2°C à 4,5°C entre 2000 et 2100. Le CO_2 et les autres gaz à effet de serre sont la cause principale de cette augmentation parce qu'ils obligent une grande partie du rayonnement infra-rouge calorifique émis par la Terre à revenir vers le sol et à le réchauffer, au lieu d'aller dans le cosmos.

L'augmentation du taux de CO_2 au cours des dernières années est estimée, par certains auteurs, à 1,5 ou même à 2 ppm par an. En 2015, El Nino a été intense et cette augmentation atteignit 3,05 ppm, portant le taux moyen de CO_2 à 402,6 ppm.

En sens inverse, les nuages de poussières émis par les volcans peuvent perturber fortement le système et refroidir l'atmosphère : le volcan indonésien Tambora a explosé en 1816, en passant de 4 300 m de haut à 1 800 m, et le nuage de poussières a refroidi l'océan Pacifique jusqu'au nord de l'Amérique : cette année-là, il a neigé en juin et gelé en août à la latitude de Naples.

Les océans régulent à plus de 80 % le climat de la Terre, parce que le "volant thermique" des océans possède une forte inertie qui ralentit les changements climatiques : la masse des océans atteint 1,4 milliard de kilomètres cubes et sa "capacité calorifique" est beaucoup plus grande que celle de l'air (qui est un isolant thermique). Les océans possèdent donc une capacité de stockage de chaleur plusieurs milliers de fois plus importante que celle de l'atmosphère.

5.1.1 Les variations du CO_2 dans l'atmosphère

Les carottes prélevées dans les calottes glaciaires ont montré que la concentration en dioxyde de carbone des bulles d'air emprisonnées dans la glace est en forte corrélation avec la température de l'atmosphère. Le GIEC appuie toute son argumentation sur cette corrélation, mais il oublie de dire que, dans plusieurs cas, la montée de la température a précédé l'augmentation de la teneur en CO_2, peut-être parce qu'il existe une "boucle à retard" dans l'évolution de l'atmosphère, ou bien parce que l'élévation de la température augmente la production de CO_2 par la biosphère. On voit ainsi avec quelle prudence il faut apprécier les moyennes lissées et modélisées avant de déterminer une causalité.

La teneur en CO_2 avant l'ère industrielle était voisine de 270 ppm[3]. Elle a maintenant augmenté de 33 %, pour atteindre 360 ppm (parties par million), et elle risque de croître encore de 55 % d'ici 2030 (MIES, 1999).

Les mesures de la teneur de l'atmosphère en CO_2 effectuées au XIXe siècle dans les laboratoires urbains étaient affectées par la production de CO_2 pour le chauffage des

---

[3] Bull. SCOPE 22, 1984 & GIEC, 2001

bâtiments. Il a fallu attendre les mesures effectuées à partir de 1958 dans l'île d'Hawaï par G. Woodwell et E. Pecan (1973) dans un laboratoire de haute altitude éloigné des émissions d'origine humaine pour avoir des données valides (figure.5-1).

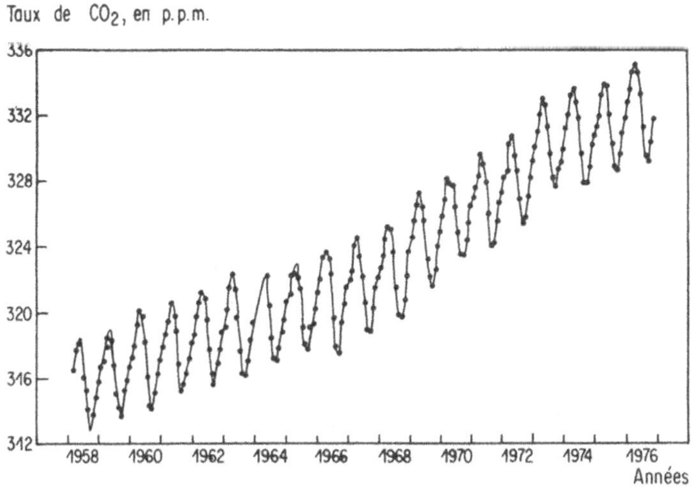

Figure 5-1 L'augmentation du taux de CO_2 à Hawaï

Elles font apparaître une augmentation moyenne de 315 ppm (en 1958), à 332 ppm en 1976 – soit 0,8 ppm par an – et des oscillations annuelles dont l'amplitude est de 6 à 7 ppm.

La constatation la plus remarquable est que la concentration en CO_2 varie sinusoïdalement au cours de chaque année ; elle atteint son maximum à la fin de l'hiver, et son minimum à la fin de l'été, et c'est la diminution hivernale de la photosynthèse de la végétation des régions tempérées qui est la cause principale de ces oscillations. En effet, pendant l'hiver, les forêts, les prairies, les landes et même les cultures de l'hémisphère nord sont en repos et elles absorbent très peu de dioxyde de carbone ; pendant ce temps, dans l'hémisphère sud, la végétation en absorbe bien un peu, mais la surface des terres émergées est faible, puisque l'Amérique du Sud et l'Afrique du Sud ont une faible largeur à ces latitudes. Au contraire, pendant notre été, la végétation de l'hémisphère nord absorbe beaucoup de dioxyde de carbone, et la concentration en CO_2 diminue dans l'atmosphère de la planète.

5.1.2 Quelques effets perceptibles du réchauffement

La banquise arctique

Elle fond à vue d'œil et les navires peuvent depuis quelques années emprunter le passage du Nord-Ouest pour aller de l'Atlantique au Pacifique. Au total, la banquise arctique diminue de 54 000 km² chaque année.

La montée du niveau des mers

Depuis la fin de la glaciation de Würm, à partir de – 13 000 ans, les océans ont monté de plus de 100 mètres, parce que la fusion des glaces accumulées sur les continents apporta de l'eau à la surface des océans.

Le réchauffement actuel risque de faire monter le niveau des mers d'un mètre d'ici à 2100.

Sur les côtes sableuses, la mer avance d'un à deux mètres par an, en particulier près de l'embouchure des fleuves comme le Rhône qui sont, de plus, privés de l'apport des sédiments fluviaux par les grands barrages.

La montée des eaux est d'autant plus grave que les basses terres ont été colonisées, artificialisées et urbanisées intensivement depuis 50 ans, en particulier sur les bords de la Méditerranée, au Bangladesh (où vingt millions de personnes seraient affectées), en Chine, en Amérique latine autour du Rio de la Plata. Les atolls bas (en particulier les îles Marshall, les Marquises, Kiribati dans l'océan Pacifique, les îles Maldives dans l'océan Indien seront submergés.

La modification des courants océaniques

Le nord de l'Europe risque de se refroidir si le Gulf Stream s'affaiblit : il charrie plus de 20 millions de m^3 d'eau tiède par seconde, et appartient à un très large système de courants océaniques. Les eaux tièdes du Gulf Stream sont peu denses et restent en surface mais elles suivent ensuite un périple étonnant : quand elles se refroidissent en arrivant dans l'Arctique, elles se rechargent en sel et en dioxyde de carbone puis s'enfoncent dans l'océan Atlantique, un peu au nord de l'Islande, et surtout près du Groenland où elles descendent dans des "cheminées" très localisées ; elles vont alors vers le sud et passent en profondeur sous l'Équateur, tournent ensuite vers l'est, passent au large de l'Afrique du Sud puis de l'Inde et de l'Australie, passent au large du cap Horn, puis vont jusqu'aux Antilles où elles réalimentent le Gulf Stream. Cette "convection" s'était affaiblie mais elle s'est rétablie en 2007-2008[4] Si le Gulf Stream disparaissait, le climat de Paris serait celui qui règne actuellement à Riga.

L'acidification des océans

Quand les océans absorbent du dioxyde de carbone, leur pH diminue, Le laboratoire d'océanographie de Villefranche estime que, au rythme actuel des émissions de CO_2, le pH diminuera de 0.4 unités d'ici 2100. Puisque le pH est un logarithme, ceci correspond à un doublement de l'acidité moyenne des océans, qui affectera en particulier les coraux profonds et les Ptéropodes.

L'acidification menace en effet le processus de calcification permettant aux organismes de fabriquer leur squelette ou leur coquille.

---

[4] Kjetil Vage *et al.* Surprising return of deep convection to the subpolar North Atlantic Ocean in winter 2007–2008 *Nature Geoscience* 2, 67 - 72

Les coraux du Pacifique "blanchissent" à vue d'œil, sans doute parce que les Algues zooxanthelles qui vivent en symbiose avec les coraux souffrent de l'acidification des eaux de surface ou de la pollution ambiante.

5.1.3 Les émissions de CO_2 dans le monde

Le total du CO_2 émis par les activités humaines depuis 1750 est quelquefois estimé à 515 Gt (milliards de tonnes). Pour les années antérieures, il faut penser aux incendies de végétation allumés par l'Homme depuis le Paléolithique supérieur.

La combustion de charbon et d'hydrocarbures envoie annuellement dans l'atmosphère chaque année environ $6{,}5.10^9$ tonnes de carbone selon J. Grace et M. Rayment, $6{,}2.10^9$ d'après l'IIASA ou 7.10^9 selon Y. Dandonneau (1998). Cette quantité représente environ les 2/3 des émissions de carbone, puisque les incendies de forêt et la combustion du bois tiré des forêts actuelles, en particulier dans les régions tropicales, y ajoute environ 2.10^9 tonnes de carbone chaque année.

L'agence internationale de l'énergie résume les émissions totales de CO_2 (en milliards de tonnes = gigatonnes par an) :

	1970	1980	1990	2000	2010	2020	2030
Pays de l'OCDE	9	10	11	12	13	14	15
Pays en dévelop.	2	3	5	7	10	13	16
Autres	2	3	4	4	4	4	4
Total	13	16	20	23	29	31	35

Selon un autre document de l'AIE, 39 milliards de tonnes de CO_2 étaient émis en 2014 en comptabilisant sans doute le CO_2 émis par le bois de feu, les incendies de forêt et la déforestation ; les autres gaz à effet de serre ajoutaient 10 milliards de tonnes d'équivalents CO_2.

Les émissions des centrales thermiques à charbon (en milliards de tonnes de CO_2) ont fortement augmenté depuis 2001 :

1972	1985	1995	2001	2006
15	18	21	23	27

Agence internationale de l'énergie

En outre, les mines de charbon produisent du méthane (le "grisou") dont le pouvoir réchauffant pour l'effet de serre est 21 fois plus fort que celui du CO_2.

Les autres gaz à effet de serre (GES) ajoutent 10 milliards de tonnes d'équivalents CO_2.

Les volcans produisent en moyenne $1{,}8.10^9$ tonnes de CO_2 par an, ce qui est relativement peu.

La consommation de viande est une source d'émission de CO_2 trop négligée : une calorie de bifteck est obtenue grâce à 8 calories de maïs ou de soja, qui ont exigé des engrais, des pesticides et du fioul en quantité importante.

Le scénario optimiste de réduction des émissions de CO_2 prévu en 2009 par l'AIE et l'OCDE permettrait de ramener en 2030 les émissions mondiales de CO_2 à leur niveau de 2007 qui était voisin de 28 Mds de tonnes par an. La réduction serait obtenue pour 53 % par les économies d'énergie (augmentation de l'efficacité énergétique), pour 20 % aux énergies renouvelables, pour 4 % aux agro-carburants, pour 13 % au nucléaire et pour 9 % à la capture de CO_2. L'un des mérites de Nicolas Hulot est d'avoir reconnu en 2017 qu'il faut abandonner certains tabous idéologiques relatifs à l'anergie nucléaire.

L'information numérisée transitant par Internet exige quelques % de la consommation mondiale d'énergie. L'envoi d'un message électronique équivaut à une production de 4 à 19 g de CO_2 selon le type de centrale qui est à l'origine de l'électricité utilisée.

5.1.4 Réduire les émissions de CO_2

L'Allemagne est championne de la réduction du chauffage des bâtiments anciens en les entourant par un "mur manteau" isolant, large de 16 cm, qui réduit le chauffage nécessaire à 15 kWh par m² de surface habitable et par an, au lieu des 88 kWh habituels.

La fabrication du ciment produit 5 % des émissions mondiales des gaz à effet de serre. Quand les fours des cimenteries sont chauffés avec des déchets de biomasse ou des pneus, les émissions nettes sont réduites de 30 %.

La société "Air Liquide" propose une technique d'oxy-combustion à 1 500 °C qui réduit de 50 % l'émission de CO_2 et de 90 % l'émission d'oxydes d'azote dans les fours industriels.

La production d'électricité

Produire un kWh d'électricité exige toujours des émissions de CO_2, même pour les centrales éoliennes, puisque les usines qui ont produit le métal, le béton et les matières plastiques ont émis du CO_2. Le fonctionnement d'une centrale électrique consomme aussi de l'énergie fossile

Quelques ordres de grandeur peuvent être proposés :

- En France, grâce aux centrales nucléaires, 1kWh = 85gr de CO_2
- En Europe, 1kWh = 400gr de CO_2
- Dans une centrale à charbon, 1kWh = 1kg de CO_2

Selon les modes de production, le coût de l'électricité varie de 1 à 12 ; la moins chère est l'hydroélectricité, la plus onéreuse est le photovoltaïque. En 2016, l'éolien est devenu compétitif avec le pétrole, et le gaz. Jeremy Rifkin dit que l'éolien a le merveilleux avantage d'être "décentralisé", mais il oublie qu'une part importante des éoliennes est située en mer, que les régions ventées sont souvent loin des villes où l'électricité sera consommée et que l'électricité ne se stocke pas.

Les transports

Dans le domaine des transports, les véhicules élcctriques et hybrides permettent de limiter les émissions de gaz à effet de serre dans les villes, En France la moitié des kilomètres parcourus sont citadins et ils représentent 22% de nos importations pétrolières ; l'une des réponses les plus adaptées est le covoiturage qui a en plus l'avantage de créer du lien social.

Les batteries lithium-ion ont l'avantage d'être assez légères, mais le lithium est un métal rare : les gisements principaux sont dans les Andes (à la frontière entre la Bolivie, le Chili et l'Argentine), au Tibet et, en petite quantité en Russie, en Australie et aux USA. Une tonne de lithium coûtait 3 000 euros en 2003, 7 000 euros en 2008 et près de 12 000 euros en 2016.

En 2009, une filiale d'EDF a investi 900 millions d'euros pour installer 75 000 bornes de recharge des véhicules électriques dans les rues des grandes villes. Les véhicules à moteur électrique ne réduisent pas les émissions de CO_2 quand ils consomment de l'électricité décarbonée. La politique actuelle d'encouragement financier à l'achat de ces véhicules n'est donc pas parfaitement rationnelle.

Les automobiles et les camions peuvent fonctionner avec une pile à hydrogène constituée par des membranes qui ne laisse pas passer les protons H+, insérées entre deux plaques métalliques conductrices ; elle produit ainsi un courant électrique en fonctionnant donc à l'inverse d'une cuve à électrolyse.

En 2015, plusieurs milliers d'automobiles à hydrogène ont été construites par Toyota, Daimler-Mercedes et Renault. Dans le monde, une soixantaine de stations-services fournissant de l'hydrogène étaient installées en

2018 et il était prévu d'en construire 400 en Allemagne. Le constructeur Toyota a prévu de produire 2 000 véhicules à hydrogène en 2016, 3 000 en 2017 et ensuite d'augmenter la cadence en fonction de l'implantation des stations-service.

Actuellement, la plus grande partie des 550 milliards de m^3 d'hydrogène produits dans le monde provient des raffineries de pétrole par la technique du "reformage" du gaz naturel qui met en réaction du méthane et de la vapeur d'eau à 900 °C. De nouvelles techniques de production d'hydrogène sans émission de CO_2 pourraient être développées.

Le projet européen *HyWays* (avril 2004-juin 2007) étudie sérieusement l'avenir de l'hydrogène. Il comprend un partenaire français nommé HyFrance qui réunit 6 industriels (Air Liquide, EDF R&D, Gaz de France, PSA, Renault, Total), 5 établissements publics (ADEME, BRGM, CEA, CNRS, IFP), 2 associations (AFH2, ALPHEA) et 2 ministères (industrie, recherche).

Les centrales nucléaires à neutrons thermiques et à très haute température (du type VHTR) pourraient aussi produire de l'hydrogène qui serait ensuite brûlé dans les moteurs d'automobiles sans envoyer de CO_2 dans l'atmosphère

La **voie ferrée** pourrait être deux fois moins énergivore que la route si elle était bien gérée, mais son fonctionnement reste aussi rigide qu'au siècle dernier en particulier pour le fret de la SNCF qui reste en déficit financier permanent alors qu'il est rentable en Allemagne. L'irrationalité est devenue absurdité quand la SNCF confie à des autocars routiers le transport des voyageurs sur une route parallèle à une voie ferrée qui n'est nullement saturée entre Orléans et Vierzon !

Les **avions** sont de gros consommateurs de kérosène, mais des progrès sérieux ont été accomplis : en 50 ans, la consommation des réacteurs d'avion a baissé de 50 % et, au cours des dix prochaines années, l'objectif est de la réduire encore au moins d'un tiers.

Les **voies d'eau** françaises ont porté seulement la moitié du tonnage-kilomètre transporté en Allemagne et les 2/3 de celui des Pays-Bas, parce que nos gouvernements ont privilégié la voie ferrée Nous avons cinquante ans de retard sur nos collègues allemands, belges, néerlandais ou riverains du Danube, qui ont compris depuis longtemps que c'est le moyen de transport le plus écologique. Une de nos ministres de l'écologie, Mme Voynet, s'est opposée à la mise aux normes d'une partie du réseau navigable français, pour des raisons électorales.

5.1.5 Le méthane et les autres gaz à effet de serre

Pierre Jouzel estime que le CO_2 est à l'origine de 75 % de l'augmentation de l'effet de serre. Le méthane CH_4, l'oxyde de carbone CO et les oxydes d'azote N_xO contribuent aussi à l'effet de serre. Les teneurs en gaz à effet de serre ont sensiblement augmenté depuis l'ère pré-industrielle (P. Renault *et al.* 1997).

La production totale de **méthane** sur la Terre est voisine de 360.10^6 tonnes par an. Il est produit par les mines de charbon, par des bactéries anaérobies vivant dans les marécages et les rizières, par certaines Termites humivores (pour 15 % de la production totale, au rythme de 0,4 à 1 mg par kg de termites et par heure) et encore par des Vertébrés qui produisent au moins 110.10^6 t de méthane par an, dont environ 73.10^6 t pour les espèces domestiques.

Les Kangourous émettent beaucoup moins de méthane que les Ongulés parce qu'ils hébergent une Bactérie qui limite leurs flatulences. Les Australiens envisagent donc de transférer cette bactérie sur leurs moutons pour réduire les pets du bétail et Didier Raoult, le découvreur de *Mimivirus* envisage de faire de même pour les vaches. La fermentation des déchets organiques dans les décharges à ciel ouvert produit aussi une grande quantité de méthane (25.10^6 t en 2006 ?).

5.1.6 La séquestration par enfouissement

En 2007, la société pétrolière Total a dépensé 60 millions d'euros pour envoyer en deux ans 120 000 tonnes de dioxyde de carbone produit par l'une des chaudières du complexe de Lacq (Pyrénées atlantiques) dans les anciens gisements de gaz naturel de cette région, à 4 500 mètres de profondeur, sous une pression de 26 bars. La chaudière est alimentée à l'oxygène pour que le CO_2 puisse être récupéré dans la cheminée. L'intérêt de cette technique est que le CO_2 ré-injecté dans la roche poreuse augmente la pression et chasse le pétrole vers les tubes d'extraction. Cette technique est alors rentable.

Capter le CO_2 d'une centrale à charbon est techniquement possible, mais cela coûte 50 €/tonne. Ce chiffre doit être comparé à celui des "droits à polluer" du protocole de Kyoto (voir un peu plus loin) et à celui de la construction des éoliennes qui donneraient la même réduction d'émission de CO_2.

En 2008, l'Australie a lancé le programme "*Otway*" qui prévoit de séquestrer 100 000 t de CO_2 à une centaine de kilomètres de Melbourne en liquéfiant le gaz émis par les centrales thermiques de la région.

Le procédé CryoCap de la société Air liquide récupère directement le CO_2 produit et le vend sous forme liquide aux industries alimentaires (boissons gazeuses, surgélation, etc.).

Alstom a inauguré en novembre 2009 une installation de captage-enfouissement du CO_2 émis par une centrale électrique de New Haven (Virginie) : les gaz émis par la centrale passent dans un bain d'ammoniaque pour capter le CO_2 qui est ensuite envoyé dans le sous-sol à 2 100 mètres de profondeur. Le coût de l'opération atteint 50 euros par tonne de CO_2, alors que les droits d'émission se négocient aux environs de 30 euros.

En 2009, l'Agence internationale de l'énergie a créé un réseau pour développer l'enfouissement du CO_2. Le Canada prévoit d'y participer en investissant 240 millions de dollars dans une installation capable de capter un million de tonnes de CO_2 par an à Weyburn. Les autres sites prévus sont Frio aux USA (1 600 t, ce qui est bien faible), Sleipner et Snovit (Norvège, 20 Mt de t), Ketzin (Allemagne, 60 000 t), la plateforme K12B (Hollande, 8 Mt), In-Salah (Algérie, 17 Mt), Nagaoka (Japon, 10 000 t).

En 2013, Les États-Unis enfouissaient 70 millions de tonnes de CO_2 par an, et l'Europe 33 Mt par an (2 installations en Norvège).

5.1.7 La séquestration dans la végétation

Jean-Marc Jancovici estime que le total du carbone présent dans la biosphère est voisin de 1 500 Mds de tonnes.

Rappelons que la concentration en CO_2 de l'atmosphère varie sinusoïdalement au cours de chaque année (figure 5-1) parce que la végétation de l'hémisphère nord absorbe beaucoup de CO_2 pendant notre été, alors que la végétation de l'hémisphère sud en produit beaucoup moins pendant l'été austral.

Une forêt naturelle n'accumule pas de CO_2 puisque la décomposition de la litière et des arbres morts est une combustion qui produit autant de CO_2 que la photosynthèse en a absorbé.

Dans les régions tempérées, une forêt exploitée et aménagée durablement produit du bois utilisable qui inclut le CO_2 piégé lors de la photosynthèse. Si le bois produit est brûlé, le CO_2 repart dans l'atmosphère et le bilan est encore nul ; c'est seulement si ce bois est durablement utilisé, par exemple pour la construction des maisons ou pour l'ameublement, que le retour du CO_2 dans l'atmosphère est retardé.

En France, l'Ademe a construit un modèle informatique pour promouvoir la séquestration du CO_2 par la forêt, et des structures administratives ont été mises en place à cet effet dans plusieurs régions. L'expérience vécue dans la région Centre-Val-de-Loire est décevante : le conseil d'administration de ce programme s'est adjoint un comité "scientifique et technique" et un comité "éthique", la présidente du conseil d'administration organise des réunions oiseuses au lieu d'aller sur le terrain voir si les projets sont sérieux et la structure para-étatique qui juge les projets est engluée dans la "méthodologie" informatique de l'Ademe qui est inutilisable sur le terrain.

5.2 Le changement climatique

Le réchauffement examiné dans le paragraphe 5.1 ne constitue qu'une partie du changement climatique, puisque celui-ci comprend aussi les modifications des pluies, des tornades, cyclones, hurricanes, des inondations et des périodes de sécheresse. Les experts du GIEC (Groupe intergouvernemental sur l'évolution du climat) ont construit des modèles impressionnants pour essayer de prévoir l'évolution future du climat.

5.2.1 Température et précipitations

Une des surprises que provoque la lecture des conclusions du GIEC est qu'elles oublient de souligner que le réchauffement des océans augmentera la quantité d'eau qui s'évaporera et donc la quantité d'eau qui retombera sur les continents. Le réchauffement climatique engendre donc une augmentation des précipitations annuelles moyennes, et on se demande pourquoi cette conclusion simple n'est pas diffusée. Serait-ce parce qu'elle montrerait au grand public que le réchauffement a des effets positifs dans certains cas.

5.2.2 Les "droits à polluer" l'atmosphère

Pour l'ensemble du monde, les gouvernements ont choisi une méthode peu rationnelle, puisqu'ils considèrent que toutes les nations ont le droit de polluer l'atmosphère, et qu'il suffit d'équilibrer internationalement les pollutions nationales.

Pour l'Union européenne, les industriels qui émettent du CO_2 se voient attribuer un quota gratuit de permis de rejet de CO_2 qui diminue progressivement. Si un industriel émet plus de CO_2 que son quota, il doit acheter des droits d'émission sur le marché. Le prix du permis, en euros par tonne est actuellement trop faible pour être incitatif.

> Les gouvernements accepteront-ils de taxer sérieusement la tonne de CO_2 alors que, selon Philippe Charlez (*Croissance, énergie, climats, la quadrature du cercle ?* Ed. Economica) une électricité 100% renouvelable exigerait de taxer la tonne de CO_2 à 350 € ?

5.2.3 Le protocole de Kyoto et les COP

Le protocole de Kyoto (1997) a proposé des objectifs de réduction des émissions de gaz à effet de serre (GES) : 38 pays industrialisés devaient réduire de 5,2 % en moyenne (par rapport à 1990) leurs émissions de GES en 2010. Chacune des nations qui participent au système se voit attribuer des "unités de quantité attribuée" (une UQA correspond à une tonne de CO_2). Une entreprise peut obtenir des crédits pour réduire la pollution qu'elle produit en vendant des UQA attribuées à son pays sur le marché international ; ces UQA sont achetées par une nation industrielle qui peut ainsi continuer à polluer tranquillement.

C'est seulement en 2008 que le parlement européen a obligé les compagnies aériennes à acheter des quotas de CO_2.

En 2008, l'Agence internationale de l'énergie a estimé qu'il faudrait dépenser 29 000 milliards de dollars d'ici à 2050 pour réduire de moitié les émissions de CO_2.

La COP21 de 2015 et les suivantes

Les émissions mondiales de CO_2 ont augmenté de 46 % entre 1990 et 2014. Si nous avions continué au rythme prévu avant la COP21, 55 gigatonnes de CO_2 seraient émises en 2030 et le réchauffement atteindrait 3°C à 3,5°C en 2100. Il serait nécessaire de les ramener à 40 gigatonnes en 2030 (et 30 gigatonnes en 2050 ?) pour que le réchauffement en 2100 soit 2°C.

La conférence de Paris sur le climat de décembre 2015 (COP21), a essayé de relever le défi. Les médias français ont chanté cocorico et félicité nos responsables politiques bien que les résultats restent maigres : 100 milliards de dollars sont prévus pour aider les pays menacés par le changement climatique (en particulier les îles coralliennes et les deltas asiatiques).

Il ne semble pas que le problème du méthane ait été discuté en profondeur peut-être parce que les solutions sont inconnues.

L'augmentation de température sera sans doute d'un degré Celsius de plus que les 2°C prévus par la COP21, car pour atteindre cet objectif il faudrait que la Chine et la Russie réduisent l'utilisation des énergies fossiles de 62%. De plus, le niveau des mers montera d'un mètre d'ici 2100 parce que

- l'effet des nuages a été sous-estimé ;
- la calotte glaciaire de l'Antarctique et du Groenland fond plus vite que prévu.

La COP22 (Marrakech, novembre 2016) a confirmé les options de la COP21 et les COP suivantes n'ont pas abouti à un plan global de financement des dépenses nécessaires.

Les gouvernements ont trop souvent une politique de réduction des émissions de CO_2 qui est en contradiction avec leur politique de transition énergétique. Il faut donc maintenant réfléchir sur la transition énergétique.

Pour limiter l'augmentation de température à 1,5 °C en 2100, il faudrait réduire nos émissions de CO_2 à 400 gigatonnes par an d'ici 2050, et donc laisser dans le sous-sol une grande partie des 2.800 gigatonnes potentiellement présentes dans les réserves mondiales de pétrole.

La séquestration du CO_2 pourra être une voie d'avenir si elle est raisonnablement organisée.

La COP 21 a obtenu un accord de principe pour réduire les émissions de CO_2, mais Donald Trump s'est retiré de l'accord et les COP suivantes ont été peu efficaces. L'avenir est très sombre.

Il va être très difficile d'harmoniser les solutions concrètes avec les nécessités de la transition énergétique.

5.2.4 L'ozone dans la haute atmosphère

L'ozone est présente dans une assez grande épaisseur de l'atmosphère, entre 15 et 50 km d'altitude, mais la quantité totale est très faible : si elle était concentrée à la surface du sol, à la pression atmosphérique et à la température de 15°, elle aurait seulement 3 mm d'épaisseur ; elle est cependant suffisante pour arrêter totalement les rayonnements de longueur d'onde inférieure à 285 nm, et en particulier les UV-B et les UV-C qui sont nocifs pour les hommes et les animaux (cancers de la peau, troubles immunitaires et opacification du cristallin).

Cette couche protectrice est attaquée par les gaz riches en fluor et en chlore utilisés dans les vaporisateurs à aérosols, dans les réfrigérateurs, dans les climatiseurs et dans les transformateurs électriques. Depuis 50 ans, mais surtout depuis 1981, elle a sensiblement diminué (– 5 % par décennie) dans les deux zones polaires.

Le "trou" observé dans l'Antarctique a encore sensiblement augmenté entre 1987 et 1989. En 2006, il s'étendait sur 29 millions de km^2. Au cours des hivers froids de 1994 à 1996, des nuages stratosphériques polaires (où les cristaux de glace catalysent la destruction de l'ozone) étaient régulièrement présents vers 18 000 m d'altitude.

Les mesures internationales décidées pour ne plus utiliser les CFC ont été efficaces : en 2006, l'Office météorologique mondial a estimé que la concentration en CFC diminue de 1 % par an et le trou avait nettement diminué en 2018. Une situation normale sera sans doute rétablie vers 2075.

5.3 La transition énergétique

Pour les combustibles fossiles, en 2017, l'Union européenne dépendait à 90% de ses importations pétrolières et à 66% de ses importations gazières qui ne cessent de croître depuis la fin des années 90 en raison de l'épuisement du gaz de la mer du Nord.

En France, en 2012, 14 % de l'énergie consommée en France était d'origine renouvelable. Le rapport *Indicateurs de la transition écologique vers un développement durable Comparaisons internationale* (ministère chargé de l'environnement, mai 2017, 100 p.) apporte des informations utiles sur la situation de la France, mais il ne propose pas de solutions pour améliorer la situation.

Le gouvernement français a décidé de réduire la part du nucléaire, sans doute à cause des campagnes médiatiques qui mettent en vedette le problème de la gestion des déchets radio actifs. L'Agence nationale pour la gestion des déchets radioactifs (Andra) a installé un laboratoire, nommé Cigéo, près du village de Bure, pour étudier le stockage géologique des déchets HA et MA-V. Ces déchets représentent seulement une cinquantaine de décamètres cubes, mais leur gestion est difficile parce le stockage doit être réversible.

En Allemagne, les émissions de gaz à effet de serre (GES) étaient 902 Mt en 2014 (9,3 tonnes de CO2 par habitant), en baisse de plus de 25 % par rapport à 1991. L'Allemagne émet donc près de deux fois plus de gaz à effet de serre que la France. La part de l'énergie nucléaire est passée en Allemagne de 27 % en 2003 à 15 % en 2013, celle des énergies propres a progressé de 8% à 30% sur la même période. Le charbon représente à l'heure actuelle 42 % du mix électrique allemand, contre 1,6 % pour la France, qui comptait seulement 4 centrales à charbon, qui seront fermées en 2021.

Les émissions de gaz à effet de serre ne découlent que pour une part de la production d'électricité (40 % en Allemagne). Les émissions françaises étaient en 2017 de 461 Mt (5 tCO_2/hab.), en baisse de 16,3% par rapport à 1990.

Jean-Marc Jancovici[5], un ingénieur EP qui a participé à la rédaction du Pacte écologique de Nicolas Hulot, souligne à juste titre que l'énergie primaire est toujours gratuite et que c'est seulement la transformation de l'énergie primaire en énergie utilisable qui est coûteuse. Le pétrole est une énergie primaire spécialement précieuse parce que sa densité énergétique (10kWh par litre) est très élevée ce qui

[5] *Dormez tranquilles jusqu'en 2100*, 2015, Odile Jacob, 198 p.

permet de l'utiliser sur des véhicules mobiles et de l'amener loin des sources de production. Le gaz naturel est moins performant puisqu'un litre de gaz contient seulement 0,01 kWh, soit 1 000 fois moins qu'un litre de pétrole.

Le calcul du coût de la transition énergétique n'est pas simple, parce que :

- les unités de production des énergies renouvelables sont souvent éloignées des lieux de grande consommation d'énergie ; le coût du transport et les déperditions d'électricité "renouvelable" doit donc être ajouté au prix de construction des éoliennes et des panneaux photo-voltaïques ;
- puisque les éoliennes et les centrales à énergie solaire sont intermittentes, il faut compenser les irrégularités de leur production pour un coût que les gouvernements se gardent bien d'annoncer ;
- les éoliennes ralentissent le vent, augmentent la température de l'atmosphère et tuent des oiseaux.

L'un des indices les plus utiles pour suivre l'évolution des politiques énergétiques est le quotient de la consommation en énergie d'un pays par son produit intérieur brut ; il est nommé efficacité énergétique, la quantité d'énergie primaire qui est nécessaire pour créer un euro de PIB. Dans les années 70, il fallait plus de 7 kWh pour produire 1€ de richesse, en 2014 ce chiffre était réduit à 2,3 kWh pour 1€ de richesse.

Les comparaisons internationales montrent les activités économiques du secteur tertiaire exigent beaucoup moins d'énergie primaire que celles de l'industrie. Par exemple, la Grande-Bretagne a multiplié par 2,4 son efficacité énergétique entre 1965 et 2015, parce qu'elle a délocalisé ses industries et augmenté la part du tertiaire dans son PIB.

5.3.1 Les économies d'énergie

Réduire notre consommation d'énergie est le premier pas dans la bonne direction. L'un des premiers postes de dépense d'énergie sur lequel nous devons agir est celui du chauffage des bâtiments publics souvent surchauffés. Les météorologues nous montrent que la température moyenne de l'air dans les villes est plus élevée d'au moins un degré, en grande partie à cause de la chaleur dissipée par les bâtiments chauffés en hiver ou climatisés en été (puisque les climatiseurs envoient dans l'atmosphère les calories prélevées à l'intérieur du bâtiment).

5.3.2 Quelques innovations nécessaires

L'isolation des bâtiments et le contrôle du chauffage des bâtiments publics sont les économies d'énergie les plus efficaces.

Les architectes sont capables de construire des bâtiments qui produisent l'énergie dont ils ont besoin, en particulier avec des panneaux photo-voltaïques. Le pilotage à distance de la consommation d'électricité commence à être efficace, grâce à des compteurs intelligents (*smartgrid* disent les anglomanes à l'esprit brumeux). Dans les logements anciens, le remplacement des vieux radiateurs électriques énergivores par des radiateurs à accumulation, est un premier progrès.

Les marchands d'appareils ménagers vantent les avantages de la "domotique" qui connecte ces appareils à Internet, mais ils ne nous avouent pas que ces petites merveilles techniques augmenteront en fait la consommation d'électricité.

La mise en réserve de l'énergie intermittente des éoliennes et des parcs photo-voltaïques sous forme d'hydrogène commence à être mise en œuvre à l'échelle industrielle dans les projets Jupiter 1000 et Energiestro.

Les circuits courts de commercialisation des produits alimentaires contribuent à réduire la consommation d'énergies fossiles.

Les programmes régionaux d'économie d'énergie "rev3" sont plus efficaces que les programmes nationaux où tous les territoires sont couchés sur le même lit de Procuste. La région Hauts-de-France est pionnière dans ce domaine.

5.3.3 Les bioénergies

Les bioénergies qui transforment des produits alimentaires en combustibles ont l'inconvénient de réduire les possibilités de production alimentaire.

La politique de bois-énergie telle qu'elle se pratique en France est illogique, parce qu'elle oublie que les combustibles ainsi produits envoient dans l'atmosphère le CO_2 que la forêt avait patiemment emmagasiné pendant des dizaines d'années et que les rameaux riches en éléments minéraux qui reconstituaient l'humus sont enlevés pour être brûlés.

5.3.4 Le financement de la transition énergétique

Les gouvernements parlent avec bonheur de la transition énergétique en oubliant qu'elle doit être financée en tenant compte des coûts à long terme de chacun des modes de production d'énergie, et du coût du transport des diverses formes d'énergie électrique.

Dans les 598 pages de la Programmation pluriannuelle de l'énergie (PPE 2016), le coût de la transition énergétique est indiqué dans le tableau de 3 lignes et 3 colonnes de la page 351, et il est seulement dit que le total atteint 1 562 Mds€ par an ; quelques détails fragmentaires sont ensuite donnés dans une dizaine de pages ; il ne faudra pas être étonnés si cette belle programmation ne se réalise pas puisque le financement n'a pas été prévu avec soin par les technocrates du ministère...

Quand la ministre de l'environnement, Mme Royal, a abandonné le projet de taxation de la circulation des poids lourds, elle a flambé un milliard d'euros.

L'Allemagne doit investir 300 Mds€ pour s'affranchir du nucléaire, et réduire le nombre de ses centrales à charbon et à lignite.

Dans *L'Illusion financière*, (2012) Gaël Giraud suggérait idéalement, et peut-être illusoirement, de recourir à la création de monnaie pour financer la transition écologique. En 2017, il était plus réaliste et il a calculé que "le coût des infrastructures qui permettront de limiter la hausse de la température mondiale à 2°C avant 2100 est situé entre 43 000 Mds€ et 77 000 Mds€ pendant les 15 prochaines années. C'est l'ordre de grandeur du PIB mondial."

Une taxe-carbone conduirait à "internaliser le coût du dérèglement climatique [..] ce qui permet de financer les investissements publics verts. [Le marché financier] est aussi une partie de la solution car, sans lui, on ne pourra pas financer la transition écologique."

"Dans les pays du Nord et dans les grands émergents, il faut mettre de l'argent dans la réduction des émissions pour qu'elle ne dépasse pas 4,7 t de CO_2 par tête et par an. En France, on est aux alentours de 5 ; aux États-Unis à 17,5 et en Chine à 6,5 ; dans les pays du Sud, il faut mettre de l'argent dans l'adaptation au dérèglement écologique."

Ce changement de mentalité pour le choix des investissements commence lentement à entrer dans les mœurs, puisque plusieurs banques diminuent les crédits offerts aux producteurs de combustibles fossiles et à investir dans les énergies renouvelables.

La transition énergétique est une nécessité traitée en France de manière peu cohérente.

Les économies d'énergie devraient être l'action prioritaire du gouvernement, sous la conduite directe du premier ministre pour en assurer la cohérence interministérielle, afin d'éviter, par exemple, que le ministère chargé des transports continue à faire construire des lignes de TGV non rentables. De même, le ministère du tourisme aide les collectivités territoriales à construire des stations de sports d'hiver ou des barres d'immeubles sur le littoral occupés seulement pendant les vacances, alors que nous manquons cruellement de logements ordinaires.

Le ministère de l'écologie subventionne les bio-énergies en oubliant qu'il est absurde de brûler le bois-énergie en envoyant dans l'atmosphère le CO_2 que les arbres ont patiemment séquestré grâce à la photosynthèse.

Les anti-nucléaires demandent de fermer des centrales de production d'électricité à cause des risques d'empoisonnement par les déchets radioactifs, et, en même temps, ils s'opposent violemment à l'enfouissement de ces déchets. Est-ce bien logique, puisque l'Autorité de sûreté nucléaire a montré que les déchets HA et MA-VL peuvent être stockés de manière réversible dans le sous-sol ?

Etc.

Conclusions générales des 5 premiers chapitres

1) Les 5 premiers chapitres ont examiné les ressources qui seront disponibles pour que l'humanité puisse subsister au cours des décennies à venir.

2) Le premier problème est le maintien de la fertilité des sols pour que l'agriculture puisse nous fournir les aliments nécessaires. Les problèmes suivants sont la ressource en eau, le maintien de la biodiversité, le changement climatique, la transition énergétique.

3) Des amorces de solution ont commencé à être proposées, et un examen attentif montre que ces solutions sont souvent incohérentes et même contradictoires. Elles devront être soutenues par une réforme du système économique mondial (chapitre 6), qui exigera un changement de nos mentalités (chapitre 7).

Chapitre 6

La crise économique et financière

La crise écologique actuelle a été examinée dans les 5 premiers chapitres, et, pour la résoudre, le système économique mondial devra être mieux régulé et fondé sur une vision de l'économie à plus long terme que la "loi du marché".

En grec, une "*crisis*" est une phase difficile dans l'évolution d'un système, mais c'est aussi la possibilité d'un renouvellement. En chinois, le mot équivalent, *wei-ji* est la combinaison de deux symboles, celui de la menace et celui de l'opportunité, qui demandent à être examinés conjointement pour l'économie et pour l'écologie.

6.1 L'écologie et l'économie

Les objets inanimés du monde physique sont soumis au principe de Carnot qui montre qu'ils se déstructurent inéluctablement à long terme. Or, la biosphère s'est, au contraire, structurée progressivement en allant des premières Bactéries aux Pluricellulaires, aux Plantes à fleurs et à graines, aux Mammifères et à l'Homme parce que les êtres vivants sont devenus de plus en plus complexes pour assurer les régulations qui leur permettent de résister aux perturbations (§ 3-3 et figure 3-3).

La crise écologico-économique actuelle est si grave qu'elle nous oblige à chercher les nouvelles régulations vitales qui nous permettront de retrouver un équilibre durable[6]

[6] *Écologie et évolution du monde vivant*, 2012-2019, éd. De L'Harmattan, 3 vol.

Notre démarche rejoint celle de l'Union européenne

La Commission européenne a proposé récemment un document intitulé *Union de l'innovation* qui commence par : "La compétitivité, l'emploi et le niveau de vie du continent européen dépendent essentiellement de sa capacité à promouvoir l'innovation, qui est également le meilleur moyen dont nous disposons pour résoudre les principaux problèmes auxquels nous sommes confrontés et qui, chaque jour, se posent de manière plus aiguë, qu'il s'agisse du changement climatique, de la pénurie d'énergie, de la raréfaction des ressources, de la santé ou du vieillissement de la population." Les innovations seront le plus souvent des régulations nouvelles.

6.1.1 Les régulations économiques

En économie comme en écologie, l'information est au centre des processus de **régulation**, aussi bien pour les particuliers que pour les entreprises et pour les gouvernements.

Dominique Dron[7], qui connaît bien les problèmes financiers, a le courage d'écrire que les économistes auraient intérêt à utiliser les modèles découverts par les biologistes qui affrontent quotidiennement la complexité du vivant.

Par exemple, le modèle de régulation de concurrence de la végétation (paragraphe 3.2.2 et figure 3-2) aide à comprendre comment fonctionne la concurrence entre les entreprises et aussi les avantages comparatifs de Ricardo. Il indique comment devrait s'effectuer la régulation de la concurrence en Europe par le commissaire qui en est chargé, et surtout il nous incite à augmenter la diversité des

[7] 2016, L'écologie, un modèle pour la finance, *Études*, n° 4221 : 43-56

entreprises en évitant la constitution des oligopoles dominateurs.

De même, les tactiques "**r**" et "**K**" (§ 3.2.1) et le modèle de Verhulst (figure 3-1), aident à comprendre la fragilité des systèmes économiques et politiques sclérosés et nous montrent qu'il faut impérativement remplacer le réglementationnement technocratique par des régulations créatives. Ce "choc de simplification" est particulièrement nécessaire en France.

Enfin, le modèle des montagnes russes (§ 3-3 et figure 3-3) explique la succession des périodes de stabilité et des phases de crise qui se résolvent grâce à des innovations.

6.1.2 Une régulation n'est pas une réglementation rigide

A ce point de nos réflexions, il est nécessaire de préciser le sens du mot "régulation" pour éviter toute ambiguïté : en mécanique, l'exemple de régulation le plus classique est celui du régulateur de Watt, qui laisse osciller la vitesse d'une machine à vapeur autour de son optimum.

Dans le présent ouvrage, une régulation n'est pas une réglementation administrative imposée, mais un processus qui assure au système considéré son maintien autour d'un équilibre raisonnable.

Très généralement, il est inefficace de proposer sans cesse des lois nouvelles en pensant résoudre le détail des innombrables cas particuliers. Par exemple, pour l'aménagement du territoire, les propositions législatives doivent seulement donner les grands principes d'orientation de la gestion de nos ressources, qui doivent être aussi simples que le Code civil de Portalis, et laisser aux Régions le soin d'adapter ces principes à leur situation écologique : la gestion de la biodiversité ou de l'agriculture ne peut pas être régulée de la même manière en montagne, sur le littoral, dans les grandes plaines et dans les villes.

Nous reviendrons sur ce point dans le paragraphe consacré aux simplifications, après avoir réfléchi sur les inégalités.

6.2 Les inégalités

L'analyse des inégalités fondée sur les déciles des revenus montre que, en France, les inégalités n'ont pas augmenté en moyenne depuis 70 ans, mais il est utile de regarder aussi l'évolution de la part des revenus détenus par les 1 % de personnes les plus riches (source OCDE) :

	1980	1990	2000	2010
États-Unis	8	13	16	16
Royaume-Uni	7	10	12	14
Inde	5	7,5	8	12

Pour les États-Unis, Patrick Artus résume cette évolution : "Presque toute la croissance depuis 25 ans a été captée par les plus riches. Les 40 % d'Américains les moins payés voient leur pouvoir d'achat baisser."

Thomas Piketty a eu beaucoup de succès en stigmatisant ces inégalités. Philippe Aghion montre que ce schéma oublie que l'innovation engendre un ascenseur social qui fait émerger de nouveaux détenteurs de patrimoine.

De son côté, Hernando de Soto a montré, en faisant des enquêtes de terrain, que Piketty a aussi oublié l'économie informelle, absente des statistiques officielles, et qui constitue une part sous-estimée du capital et des revenus de la population. Il pense aussi que le flux de monnaie déversé par les banques centrales depuis 2008 pour des politiques de relance risque de s'évaporer dans des spéculations non productives sans résoudre les problèmes réels.

Le déséquilibre actuel entre le pouvoir d'achat des exclus et des smicards, d'une part, et celui des dirigeants du CAC 40 ou des vedettes du sport et du spectacle d'autre part, est une menace pour l'harmonie de notre société.

Les conséquences économiques les plus graves de la crise amorcée en 2008 sont l'augmentation des inégalités sociales et celle des dettes publiques. Ces deux augmentations sont une perte des régulations économiques qui assuraient vaille que vaille la stabilité dynamique du système économique mondial.

6.3 Les lois du marché ne produisent pas un équilibre stable

Les économistes "classiques" pensent que la loi de l'offre et de la demande aboutit à un équilibre stable qui a été étudié en particulier par Léon Walras (1834-1916), auteur de la *Théorie mathématique de la richesse sociale* (1882), et fondateur de l'économétrie. Cette vision ancienne ne suffit plus pour comprendre l'économie actuelle, et elle doit être réexaminée.

6.3.1 La courbe de la demande

Dans *Microeconomics*, le manuel pédagogique standard de l'économie néo-libérale (Paul A. Samuelson & William D. Nordhaus, 2010, McGraw-Hill, Irvin), il est écrit : "On trouve la courbe de demande de marché en additionnant ensemble les quantités demandées par tous les individus pour chaque prix. Est-ce que la courbe de demande de marché obéit à la loi de décroissance de la demande ? Elle le fait certainement". L'adverbe "certainement" n'est pas rassurant, parce qu'il sert ici à masquer le manque d'arguments convaincants et laisse penser, tout bien pesé, que l'obéissance à la loi du marché reste douteuse

En fait, l'addition non pondérée des comportements individuels des consommateurs est réductionniste, et donc illusoire. Le fonctionnement de la demande doit tenir compte des différences entre les demandeurs, qui se régule par la loi 20-80 (§ 3.2). Plus précisément, les consommateurs ne satisfont aux "conditions de Sonnenschein-Mantel-Debreu". Le réductionnisme est une erreur méthodologique aussi grave en économie qu'en écologie !

Il est aussi écrit dans le manuel de base adopté par les économistes néo-libéraux[8] : "Pour qu'il soit correct de traiter la demande agrégée comme nous le faisons pour la demande individuelle [..], il doit y avoir un consommateur représentatif positif." Or les écologues ont montré que la "représentativité" d'un échantillon est une illusion quand les individus réels sont très différents les uns des autres.

François Lenglet rappelle que les moyennes nationales gomment l'inégalité entre territoires qui a pourtant des conséquences politiques directes : "Sur les côtes et dans les métropoles [les citoyens] votent pour l'ouverture et gardent leur confiance aux partis traditionnels. Tandis qu'à un jet de pierre, les réprouvés militent pour [la fermeture] des frontières et s'en remettent aux rebouteux de la politique [..] La concentration géographique [de la croissance] dans les régions les plus compétitives attire les ressources humaines les plus qualifiées, le capital et les technologies. Dans un univers aussi lisse qu'un tapis de billard, tout défaut de compétitivité se paie désormais comptant. [..] Plus les facilités de communication sont importantes, plus l'activité humaine se concentre. [..] Exactement comme le développement du chemin de fer, dans la seconde moitié du

---

[8] 1995, *Microeconomic Theory*, Oxford Univ. Press

XIXe siècle, avait favorisé l'émergence des grands centres économiques urbains. (LP291216).

Steve Keen[1] est l'un des seuls économistes qui ait prévu la crise de 2008. Il montre que le modèle réductionniste néo-libéral est trompeur parce qu'il repose sur des hypothèses irréalistes pour construire la loi de l'offre et de la demande.

Les nouveaux modèles économiques devront donc ajouter l'hétérogénéité des producteurs et des consommateurs comme une dimension supplémentaire de chacun des tableaux de données. Il en était de même en écologie quand l'hétérogénéité des paysages[2] a été prise en compte dans les modèles et quand les calculs exacts non-inférentiels ont pu être ajoutés aux analyses multivariées.

Il faut aussi tenir compte des rendements décroissants observés par Anne de Turgot (1767) quand il a remarqué que l'augmentation de l'un des facteurs de production (le travail ou un moyen technique), qui commence par donner une augmentation importante de la production rentable passe par un maximum avant de décroître comme dans le modèle de Verhulst.

6.3.2 Une approche dynamique de l'équilibre général

L'approche classique de l'équilibre économique suivait les principes posés par Walras et elle se limitait donc à l'équilibre statique qui ne tient pas compte du temps et qui oublie le rôle de la dette.

Hyman Minsky[3] n'est pas très connu, mais il a le grand mérite d'avoir bien vu le rôle du crédit et de la dette, en disant

---

[1] *L'imposture économique*, 2014, Éditions de l'Atelier, Ivry, 528 p.

[2] R. Forman et M. Godron, 1986, *Landscape Ecology*, 620p.

[3] 1963, *Can "It" Happen Again ? Essays on instability and finance*, Armonk, 1975 *John Maynard Keynes*, Columbia Univ. Press, New-

qu'il faut considérer que la demande "agrégée" des offres et des demandes doit être augmentée ou diminuée de la variation de la dette. L'augmentation de la dette peut créer un déséquilibre fatal dont l'exemple récent est la crise des *subprimes*. L'augmentation de la dette doit donc être régulée pour éviter les catastrophes.

Maurice Allais, qui fut Prix Nobel d'économie, avait écrit en 1998 (notez bien la date) : "L'économie mondiale tout entière repose aujourd'hui sur de gigantesques pyramides de dettes, prenant appui les unes sur les autres dans un équilibre fragile. Jamais, dans le passé, une pareille accumulation de promesses de payer ne s'était constatée. Jamais sans doute il n'est devenu plus difficile d'y faire face. Jamais sans doute une telle instabilité potentielle n'était apparue avec une telle menace d'un effondrement général."

En 2019, ce cri d'alerte est devenu encore plus angoissant et la directrice du FMI, Madame Lagarde n'hésite pas à le reprendre à haute voix.

Une analyse détaillée du rôle de la dette est présentée dans *Écologie et évolution du monde vivant*, et elle est résumée ci-dessous :

Les modèles économiques en vogue actuellement négligent des facteurs essentiels du système économique et des modèles mieux fondés sont nécessaires.

Les "relances" fondées sur l'augmentation de la consommation et de la pression fiscale ont été peu efficaces et elles n'étaient qu'un dopage qui laisse le pays affaibli. La politique du *quantitative easing* a déversé dans l'économie

---

York, et 1986 *Stabilizing an Unstable Economy*, Twentieth Century Fund Report Series, Yale Univ. Press, Newhaven.

mondiale des liquidités en quantité considérable qui impliquent un risque de bulles spéculatives. Elle encourage les États cigales à emprunter et à augmenter leur dette publique. N'est-ce pas utiliser de la pénicilline pour guérir un cancer ?

Plusieurs banques centrales – en particulier celle du Japon et la BCE – accordent des prêts avec des intérêts négatifs. Est-ce parce que le système financier est totalement déréglé que les banques centrales prônent cette abracadabrante économie ?

L'augmentation de la dette publique des pays industrialisés pèsera sur les générations futures : nous vivons à crédit aux dépens de nos enfants, qui devront rembourser plus de 37 000 euros chacun, et leurs retraites ne pourront pas être généreuses dans ces lendemains qui ne chanteront guère.

N'oublions pas que la dette publique est le résultat cumulé des déficits budgétaires des années successives.

6.3.3 Un nouveau modèle économique

Les modèles économiques néo-libéraux et plus ou moins keynésiens ne conviennent plus pour l'économie d'aujourd'hui, et la notion de croissance elle-même doit être révisée.

Bien qu'il soit couramment admis que la croissance du PIB est une panacée, Gaël Giraud a bien raison d'écrire, dans *L'illusion financière* (Ed. de l'Atelier, 2012, 175 p.) : "Gagner plus" ou "toujours plus de croissance" sont-ils des impératifs ?

L'augmentation de la consommation des ménages reste encore considérée comme un magique accélérateur de croissance alors qu'elle entraîne trop souvent un déficit commercial qui devient insupportable.

Le commerce international mal régulé est le lieu d'une guerre économique sans pitié pour les plus faibles, alors qu'il peut être gagnant-gagnant, comme le montrait Frédéric Bastiat[1].

Aujourd'hui, il est donc nécessaire de repenser notre modèle économique fondé sur une croissance idéalisée et de prendre en compte quelques idées neuves :

1) Les économistes néo-libéraux continuent à penser, en suivant Bentham et Léon Walras, que les consommateurs ont des comportements rationnels. Pourquoi refusent-ils d'écouter Herbert Simon, le prix Nobel d'économie qui a mis en doute cette rationalité et **Steve Keen** qui propose un modèle plus efficace ?

2) Une nouvelle gestion des ressources de notre planète sera possible seulement si nous écoutons ce que nous souffle l'Esprit, en innovant non seulement dans le domaine des techniques, mais aussi dans celui du vivre ensemble. Ce sera l'objet du chapitre 7.

---

[1] Frédéric Bastiat, au milieu du XIXe siècle avait pris l'exemple d'un commerçant anglais qui achète du vin de Bordeaux pour 1 MF, le revend en Angleterre pour 2 MF, achète avec cette somme des tissus de coton et les revend ensuite en France pour 3 MF. Cet ensemble d'opérations correspond à un déficit de la balance commerciale de 2 MF pour la France, mais il s'éteint si le commerçant investit ces 2 MF pour des achats en France. Etc.

Le "modèle" économique néo-libéral couramment utilisé est boiteux.

Il faudra trouver de nouveaux "modèles" simples mais capables de nous aider à rénover le fonctionnement de notre maison commune.

Dans tous les pays du monde, il faudra comprendre que la crise économique actuelle est aussi une crise écologique résultant d'un déséquilibre entre les ressources de la planète et la sur-consommation augmentée par la publicité.

6.3.4 Les Nations Unies ont essayé de réfléchir sur le futur

Sybille Duhautois (2017)[2] a étudié en détail les réflexions sur l'avenir de l'humanité que l'Unitar (Institut des Nations Unies pour la formation et la recherche) avait engagées à partir de 1973, en reprenant les méthodes de la prospective. A partir de la fin de la guerre froide, le monde a cessé d'être bipolaire, il est devenu multipolaire et même chaotique avec la résurgence des nationalismes et du fondamentalisme religieux. L'Unitar a alors abandonné cette vision prospective de l'avenir du monde qu'il devenait trop difficile de construire.

---

[2] *Un destin commun ? Études sur le futur dans les organisations internationales et formation d'une conscience globale pendant la guerre froide (1945 1989)*. Thèse Institut d'études politiques de Paris, 470 p.

6.4 Des actions urgentes

6.4.1 Réduire notre consommation et les gaspillages

Le rythme de consommation actuel des ressources de notre Terre est insoutenable. Comment trouver le juste équilibre entre la satisfaction de nos besoins essentiels et les ressources disponibles ? Comment mieux comprendre la place que nous pouvons occuper sur notre planète ?

1) Pour les produits alimentaires, nous avons vu dans le chapitre 1 qu'une politique mondiale enfin logique permettrait aux agriculteurs et aux éleveurs de continuer à nourrir l'humanité. Les consommateurs occidentaux devront cesser d'acheter des légumes ou des fruits hors saison : 60 % des fruits et légumes consommés par les 6 millions d'habitants de Toronto ont parcouru en moyenne 4 000 km pour venir dans leur assiette.

G. Derive, dans *L'Odyssée du climat*, (2008) le résume en une formule lapidaire : "Trop de bagnole + trop de bifteck et des fraises à Noël = beaucoup trop d'émissions de gaz à effet de serre". Nous devons tous modifier notre comportement.

2) Le mahatma Gandhi écrivait : "Il y a assez sur la planète pour satisfaire les besoins de tout le monde, mais il n'y a pas assez pour satisfaire la cupidité de chacun." Son disciple Satish Kumar, fondateur du Schumacher College dans la campagne du Devon écrit : "Notre modèle consumériste est à bout de souffle. Le confort matériel, si chèrement acquis, n'a pas rendu les gens heureux. Nous devons rétablir l'harmonie entre la planète, soi-même et autrui. Il faut dire adieu à Descartes, à son approche auto-centrée selon laquelle rien n'existe qui ne peut être mesuré."

3) Pour l'aménagement du territoire, nous devons prendre conscience que le secteur tertiaire (commerce et services) occupe les 3/4 de la population active. Or, à l'ère d'Internet, le secteur tertiaire n'a plus besoin de concentrer les travailleurs dans des usines situées près des mines ou dans les ports comme cela se faisait à l'ère industrielle. L'essentiel de l'activité tertiaire concerne les échanges d'information (réunions de travail, correspondance, achats, ventes, démarches administratives, etc.) qui transitent par la Toile d'Internet. Il n'est plus nécessaire de concentrer l'activité dans des hyper-villes qui deviennent invivables.

4) Dans les pays industrialisés, il est urgent de réduire notre superflu obèse, en diminuant nos achats de produits de luxe et nos vacances coûteuses : il est absurde d'avoir dépensé des dizaines de milliards pour construire des immeubles occupés seulement pendant les vacances dans les stations de ski ou de bord de mer, alors que nous manquons cruellement de logements ordinaires.

Le matraquage de la publicité commerciale, qui occupe plusieurs dizaines de pages de nos magazines et plusieurs heures de télévision chaque jour est un gaspillage insensé

Le mode de consommation de l'Occident est-il l'idéal que tous les peuples du monde devraient adopter pour être heureux ? Certainement pas, si l'on en juge par notre littérature, notre cinéma et notre théâtre qui répètent chaque jour que notre civilisation est triste, sombre, désespérée, sans avenir.

Dans nos pays industrialisés, nous devons accepter une réduction de notre sur-consommation des ressources du globe, en nous privant du superflu obèse, en réduisant nos achats de produits de luxe et nos loisirs coûteux.

6.4.2 Une synthèse bienvenue

Jean Tirole[3] [4] prix Nobel 2014 a finement analysé les régulations économiques, en utilisant en particulier la théorie des jeux et la théorie de l'information. Il plaide pour "une organisation de la société reconnaissant à la fois les vertus du marché et sa nécessaire régulation" en fonction du bien commun qui va plus loin que l'intérêt général, en particulier parce qu'il tient compte des générations à venir : l'économie n'a pas pour but d'aider chaque individu à satisfaire ses intérêts personnels, mais à construire une société où chacun peut trouver une place honorable, en tenant compte de ce qu'il apporte à la communauté. Les régulations nécessaires comprennent la réduction des inégalités, l'investissement dans l'éducation, dans la santé publique, dans la sécurité interne et internationale.

Il pense que les biens et les services peuvent être "au service du public et non des rentes des actionnaires ou des employés des entreprises". Les biens communs (l'air, l'eau, la terre, la mer, les ressources minières, etc. § 10-3*) ne doivent pas être accaparés par les dirigeants politiques ou privés, mais l'Union soviétique, Cuba, la Corée du Nord ont prouvé que l'État n'est pas un bon gestionnaire direct universel des ressources, car il fabrique alors de la bureaucratie sclérosée, Le marché est utile pour équilibrer cette gestion quand il tient compte du coût réel des produits et favorise l'innovation ; l'État doit alors assurer les régulations nécessaires, en particulier en maintenant la concurrence. Le marché est créateur de lien social parce qu'il repose toujours sur la confiance, comme le montrent les marchés des villages. Il ajoute :

---

[3] Jean Tirole, 2016 *Économie du bien commun*, PUF, 640 pages.

[4] *Économie du bien commun*, 2016, PUF, 640 p., *Théorie des incitations et règlementation* et article LC 060517,

- "L'hypothèse sous-jacente à la fixité de l'emploi [qui fait penser qu'il faut le partager] et donc à la politique de réduction du temps de travail est la même que celle qui sous-tend le discoures des partis d'extrême-droite quand ils soutiennent que les immigrants 'prendraient le travail des nationaux au motif que cet emploi serait en quantité fixe. [..] Depuis au moins deux siècles, nous avons peur que l'automatisation [..] fasse disparaître de l'emploi. Tous ces changements technologiques entraînent effectivement la disparition de certains postes de travail, mais, heureusement pas celle de l'emploi. [..] La thèse selon laquelle réduire la durée de travail, avancer l'âge de la retraite, bloquer l'immigration, adopter des mesures protectionnistes, créera des emplois, n'a aucun fondement, ni théorique ni empirique."
- "Maintenir la concurrence entre les entreprises pour éviter la constitution de mastodontes sclérosés et aider les jeunes entreprises innovantes à se développer."
- "Réformer l'Administration nationale et territoriale en réduisant le millefeuille administratif, le nombre d'élus de tous niveaux, le foisonnement des normes et de la réglementation et donc, finalement, le nombre de fonctionnaires nécessaires pour contrôler l'application des règlements (j'ajoute : réformer en particulier le Code de l'environnement)."
- "Simplifier le système de protection sociale où les doublons sont multiples."
- "Instaurer une taxe carbone progressive."
- "Promouvoir une harmonisation fiscale et économique simplifiante pour les pays d'Europe qui en sentent la nécessité."

Pour faciliter les innovations nécessaires, il sera nécessaire de préparer :

- une nouvelle articulation de la loi et du contrat ;

- une réforme de la participation des salariés à la gestion de l'entreprise ;
- une protection des parcours des salariés en lieu et place de celle des postes.

Les "lois du marché" ne suffisent pas pour assurer les régulations du système économique. Il est indispensable de :

- comprendre que l'économie doit être orientée vers le bien commun dont l'État est censé être le garant.

- aider les jeunes à monter dans l'ascenseur social en établissant une transition entre la fin de leur formation scolaire ou universitaire et leur entrée dans la vie active.

- mieux utiliser l'expérience des seniors en assurant une transition avant la cessation totale d'activité.

- ne pas se laisser piéger par la thèse selon laquelle "réduire la durée du travail, avancer l'âge de la retraite, bloquer l'immigration ou adopter des mesures protectionnistes créera des emplois".

- éviter la création d'entreprises mastodontes sclérosées et aider les jeunes entreprises innovantes à se développer.

- réformer notre Administration nationale et territoriale en réduisant le millefeuille administratif, le foisonnement des normes réglementationnistes et donc, finalement, le nombre de fonctionnaires nécessaires pour contrôler l'application des règlements, en particulier de ceux du ministère de l'environnement.

- simplifier les réglementations administratives et le système de protection sociale où les doublons sont multiples : en Allemagne, il y a 1,2 millions d'emplois publics en moins qu'en France.

- instaurer une taxe carbone progressive et réaliste.
- promouvoir une harmonisation fiscale et économique simplifiante pour les pays d'Europe.

Ces innovations devront être mises en œuvre dans les entreprises et aussi dans le domaine public où la sclérose risque plus de s'installer, faute de concurrence.

6.4.3 Un choc de simplification

Célia Vérot, conseillère d'État, a écrit en 2017 un rapport sur les politiques gouvernementales pour la jeunesse où il est dit que 238 (deux cent trente huit) critères d'âge sont utilisés dans les textes réglementant les aides aux jeunes, et que quatre types d'aides existent pour faciliter l'obtention du permis de conduire…

En face de la complexité de notre système administratif, nos gouvernements de gauche comme de droite ont multiplié les textes législatifs et règlementaires. Le résultat est un foisonnement délirant de textes aux effets inattendus et souvent pervers. Nous devrions suivre l'exemple de l'Italie où Mario Monti a supprimé d'un trait de plume 333 lois "inutiles".

Le Code du travail est pavé de bonnes intentions, mais il est si complexe et abstrait qu'il est devenu inapplicable, par exemple pour l'apprentissage où les jeunes apprentis bouchers sont condamnés à balayer le sol, parce qu'ils n'ont pas le droit d'utiliser un couteau.

Nous avons oublié le sage conseil d'Aristote dans la Rhétorique (1354 c) : "Le jugement du législateur ne porte pas sur le particulier, mais concerne le futur et le général,"

Pour la partie réglementaire qui relève du Conseil d'État, nous devrons suivre le conseil d'Alexis de Tocqueville afin d'éviter ce qu'il nomme le despotisme démocratique où, dit-il, "l'État-providence est absolu, détaillé, régulier, prévoyant et doux. Il aime que les citoyens se réjouissent, pourvu qu'ils ne songent qu'à se réjouir."

Trois simplifications concrètes de la réglementation

Vauban écrivait en 1701 : "Il n'y a point d'état dans le monde où l'on fasse plus d'ordonnances qu'en France, ni de pays où on les observe moins."

Nous observerions plus facilement la réglementation si elle était plus simple. Trois exemples le montreront explicitement.

Ministère chargé du logement

Le premier alinéa du premier article du Code de l'urbanisme est très clair quand il dit que, pour "promouvoir l'équilibre entre les populations résidant dans les zones urbaines et rurales, les collectivités publiques harmonisent, dans le respect réciproque de leur autonomie, leurs prévisions et leurs décisions d'utilisation de l'espace."

Malheureusement, pour l'utilisation de l'espace, les fonctionnaires des Directions départementales des territoires (DDT) obligent les communes à appliquer des idées concoctées au niveau national qui ne tiennent pas compte de la diversité des territoires. Par exemple, dans ma commune, il a été interdit d'augmenter de plus de 25 m² la surface d'une maison isolée quand le propriétaire veut l'agrandir. La raison donnée par la DDT a été : "Il est inacceptable d'augmenter la surface constructible autour des maisons isolées, parce que cela risquerait de détruire des Orchidées." Le peuple ignare doit alors s'incliner pour obéir à cette injonction "écologique" !

Ministère de l'agriculture

Il a été sage d'exiger que les forêts privées soient soumises à des "plans simples de gestion" pour que des erreurs graves n'amoindrissent pas le potentiel économique et écologique de ces éléments fondamentaux du patrimoine national, Malheureusement les bureaucrates chargés de superviser ce travail dans les Centres régionaux de la propriété forestière et dans les Directions départementales des territoires en sont venus à exiger que toute fraction de parcelle d'un demi-hectare dont le peuplement n'est pas nettement irrégulier soit traité en futaie régulière et donc soumis à une coupe rase opposée au bon sens écologique,

Chacun des 11 millions de demi-hectares de nos forêts doit alors être observé périodiquement sur des photographies aériennes, pour vérifier que les injonctions des administrations règlementationnistes ont été respectées. Il serait plus raisonnable de laisser chaque gestionnaire choisir le traitement de chaque parcelle dans la gamme de ceux qui sont proposés dans les Schémas régionaux de gestion sylvicole.

Ministère chargé de l'environnement

La gestion des 580 357 plans d'eau recensés en France par Pascal Bartout est encadrée par la transcription française de la Directive-cadre européenne sur l'eau, qui conduit à détruire la plupart des étangs sous prétexte que leur digue romprait la "continuité écologique", mythe d'une nature vierge de toute influence humaine.

En 2015, la ministre chargée de l'environnement a étendu la notion de "cours d'eau" en y incluant les "fossés intermittents" situés en amont ou en aval d'un étang qui sont déjà protégés par la politique agricole commune qui établit une bande herbacée pour éviter la sortie d'engrais azotés. Quel est le but réel de cet alourdissement des contraintes et des contrôles qui n'apporte aucune amélioration à la qualité écologique des cours d'eau ???

La planification de l'aménagement du territoire

La Cour des comptes épingle régulièrement les gaspillages d'argent public et, en particulier les doublons administratifs qui résultent du millefeuille des collectivités territoriales emboîtées :

- commune,
- communauté de communes,
- syndicats de pays,
- parcs naturels régionaux,
- départements,
- régions anciennes,
- régions regroupées en 2014 sans suppression des services installés dans les anciennes métropoles régionales,
- depuis 2013, les grandes métropoles.

Par exemple, la gestion d'une commune est soumise à l'empilement des réglementationnements imposés par au moins 7 schémas de planification : le Schéma d'aménagement et de gestion de l'eau (SAGE), le Plan départemental de gestion piscicole, le Schéma directeur d'aménagement et de gestion des eaux (SDAGE), le Plan de gestion des risques d'inondation (PPRI), le Schéma de cohérence territoriale (SCoT), le Schéma régional de cohérence écologique (SRCE), éventuellement un Parc naturel régional, et, en haut de la pyramide le Schéma régional d'aménagement et de développement du territoire (SRADDET). Le diable est alors dissimulé dans les détails insondables de ces réglementations enchevêtrées et il rend inefficace la planification imposée technocratiquement.

La régulation souhaitée est simplement le remplacement des 4 niveaux emboîtés réglementairement de la planification descendante (le SRADDET encadre les SRCE, qui commandent les SCoT puis s'imposent dans les PLUI et les PLU) par une planification ascendante où la Région mettrait à la disposition des syndicats de commune, des communautés de communes et des communes la documentation nécessaire pour prendre les décisions d'aménagement et contrôlerait que ces décisions sont conformes à la loi générale.

6.4.4 Dans le monde

Le Programme alimentaire mondial (PAM) des Nations Unies annonçait en 2004 que 840 millions de personnes souffraient encore de malnutrition et que plus de 35 % de la population en étaient affectés dans au moins 15 pays qui ont presque tous subi des guerres civiles, comme l'a remarqué Esther Duflo.

Le Programme des Nations unies pour le développement (PNUD) et le Programme des Nations unies pour l'environnement (PNUE) devraient aider les pays non industrialisés à agir en amont pour améliorer la gestion de leurs ressources. Malheureusement ces honorables institutions sont devenues seulement des placards bureaucratiques réservés à des cœlacanthes, fossiles vivants qui se sont incrustés dans ces bureaux dorés.

La corruption est la seconde faiblesse d'un grand nombre de pays où des gouvernants autoritaires captent au profit de leurs proches une grande partie des revenus disponibles.

Dans les pays industrialisés, c'est la bureaucratie tatillonne et réglementationniste qui nous empêche d'innover pour mieux gérer nos ressources.

Certaines institutions internationales qui sont endormies ou sclérosées devraient être revigorées.

Les guerres civiles ont été et sont encore sont les causes des plus grandes misères : Afghanistan, Angola, Birmanie, Colombie, RD Congo, Éthiopie-Érythrée, Israël-Palestine, Mozambique, Philippines, République centrafricaine, Sierra Leone, Somalie, Soudan, Syrie, Turquie, Yémen, Yougoslavie, Zambie, Zimbabwe. etc.).

La communauté internationale devrait faire émerger un consensus du Conseil de sécurité pour obtenir au moins d'apporter une aide humanitaire aux populations.

6.4.5 L'écologie des paysages

L'une des innovations apportées par l'écologie des paysages[5] est d'étudier à grande échelle le fonctionnement des systèmes écologiques hétérogènes plus ou moins modifiés par les actions humaines.

C'est à l'échelle des paysages et des ensembles hiérarchisés de paysages que les actions humaines s'insèrent le plus visiblement dans l'espace et qu'il est possible – et nécessaire – de programmer une gestion optimale des ressources. Le genre de modèle de gestion qui a été évoqué dans le paragraphe 2.4 est alors utile.

---

[5] Un paysage est un territoire hétérogène, plus ou moins artificialisé, où l'observateur voit apparaître une structure répétitive composée d'une matrice, de taches et de corridors perceptibles à l'échelle du kilomètre, et cette structure conditionne un fonctionnement caractérisable à l'échelle décennale

6.4.6 Une économie plus humaine

Jean Bodin avait écrit : "**Il ne faut jamais craindre qu'il y ait trop de sujets, trop de citoyens, vu qu'il n'y a de richesse ni force que d'hommes**"[1].

Les travailleurs de tous les niveaux sont les acteurs de tout développement et la source indispensable de toute augmentation de la productivité dont ils devraient bénéficier plus largement, en particulier pour financer la formation des moins qualifiés.

Le chômage diminuera si une part suffisante des gains de productivité est dévolue au développement des embauches plutôt qu'à l'augmentation du salaire de ceux qui ont un emploi et sont organisés pour défendre leur point de vue auprès du public et du gouvernement.

Les inégalités qui ont été analysées dans le paragraphe 6.2 sont l'un des déséquilibres les plus graves de nos sociétés : l'ascenseur social les réduisait régulièrement et il avait bien fonctionné au XIXe siècle en Europe et aux États-Unis, jusqu'au milieu du XXe siècle.

L'affaiblissement de l'ascenseur social réduit nos capacités d'innovation : les plus fortunés deviennent trop souvent des tacticiens "**K**" (voir le § 3.2) soucieux de protéger leurs biens, sans prendre aucun risque.

Les dérégulations consécutives à l'abandon de l'étalon dollar-or par Nixon en 1970, ont déséquilibré le système financier mondial et augmenté les inégalités en favorisant une spéculation inhumaine aux dépens de la classe moyenne où les risques de déclassement ont augmenté.

6.4.7 Conclusions du chapitre 6

---

[1] *De la République*. Extraits, Librairie de Médicis, 1949, p. 77

1) Un développement durable sera possible si nous utilisons mieux les informations biologiques, techniques, sociales et économiques disponibles, puisque la vie est, pour l'humanité et pour les autres êtres vivants, une transmission et une gestion de l'information disponible dans chaque domaine, afin de trouver les nouvelles régulations du système écologico-économique qui permettront de sortir de la crise.

2) L'économie doit être humaine comme l'avaient écrit Platon dans ses deux dialogues consacrés aux *Lois*, puis Augustin d'Hippone pour sa *Cité terrestre*, Immanuel Kant, dans *Le Fondement de la métaphysique des mœurs*[1], et encore Alexis de Tocqueville, Émile Durkheim, Herbert Simon, etc.

3) Saurons-nous suivre le conseil d'Alexis de Tocqueville : "La répartition plus égale des biens et des droits dans ce monde est le plus grand objet que doivent se proposer ceux qui mènent les affaires humaines" ?

4) "Penser globalement, agir localement", cette règle sage s'impose en économie comme en écologie, pour convertir nos mentalités vers plus de solidarité, moins d'égoïsme et plus de fraternité.

---

[1] première parution 1795, disponible en Livre de poche, Hachette, Paris, page 54.

Chapitre 7

La nécessaire évolution de nos mentalités

Quiconque veut s'emparer du monde
Et s'en servir
Court à l'échec.
Le monde est un vase sacré
Qui ne supporte pas
Que l'on s'en empare pour s'en servir.
Celui qui s'en sert le détruit
Celui qui s'en empare le perd.
Lao Tseu Tao tö King n° 29

Le prix Nobel Jacques Monod, grand défenseur du royaume de l'objectivité scientifique, a écrit, dans *Le Hasard et la Nécessité*, "L'homme sait enfin qu'il est seul dans l'immensité indifférente de l'univers, d'où il a émergé par hasard. Non plus que son destin, son devoir n'est écrit nulle part. A lui de choisir entre le Royaume et les ténèbres."

"Il sait maintenant que, comme un tzigane, il est en marge de l'univers où il doit vivre, un Univers sourd à sa musique, indifférent à ses espoirs comme à ses souffrances et à ses crimes."

Ce constat lucide nous incite à chercher si la rationalité pure a permis un **progrès** pour notre société.

Le siècle des Lumières a pensé que, grâce à la Raison, l'accroissement du commerce, l'amélioration des conditions de vie et le progrès social pouvaient durer indéfiniment. Les nouvelles techniques recensées par l'Encyclopédie de Diderot et d'Alembert étaient le moteur de ce progrès. Le scientisme d'Auguste Comte s'est alors progressivement insinué dans les esprits.

Au XXe siècle, la relativité générale, les quantas de Planck, les deux théorèmes de Gödel, les sciences cognitives ont mis en évidence que la Science laisse un grand nombre de questions sans réponse.

Pour sortir de l'impasse signalée par Jacques Monod, n'ayons pas peur de suivre Blaise Pascal, G. W. Leibniz, Immanuel Kant, Raymond Poincaré, Niels Bohr et Edmund Husserl, des penseurs qui avaient une bonne connaissance des sciences de leur temps et qui ont osé chercher des vérités au-delà de l'horizon de la pure rationalité scientifique où nous sommes restés cantonnés dans les chapitres précédents.

Lorsque des scientifiques et des philosophes s'intéressent aux mêmes objets, le scientifique analyse ces objets dans tous leurs détails, et il trouve des conclusions très sûres après un long cheminement, comme un alpiniste encordé qui atteint un sommet après une longue ascension. Il découvre alors souvent, en arrivant sur ce sommet, qu'un philosophe y était déjà installé, parce qu'il avait pris des raccourcis audacieux pour accéder à la noosphère où le Beau est proche du Vrai et du Bien.

Notre première étape sur ce chemin nouveau nous conduira à réfléchir sur la Beauté.

7.1 Aimer la Beauté

En écologie des paysages, quand nous demandions au cours d'une enquête : "Pour quelle raison ce paysage vous semble-t-il beau ou laid ?" La réponse était immanquablement : "La beauté est seulement subjective, et il n'est pas possible de la juger rationnellement." Denis Diderot était bien de cet avis, puisqu'il avait écrit "La beauté est le sentiment de rapports agréables."

Pour aller au-delà, de ce réductionnisme, écoutons le neurologue Pierre Lemarquis[1] qui pense que toute sensation qui arrive à notre cerveau est captée à la fois par sa partie apollonienne où règne le raisonnement et le sens des proportions et aussi par sa partie dionysiaque, siège du désir et du plaisir immédiat, Dionysos dit "j'aime" en produisant d'autant plus de dopamine que la sensation agréable est répétée. Le cerveau apollinien dit "c'est beau", en tenant compte d'un apprentissage et de l'éducation reçue.

Au-delà de la subjectivité dionysiaque, les Grecs, les penseurs du Moyen-Âge, de la Renaissance ou des Lumières, étaient d'accord pour dire qu'il existe un Beau reconnu par tous les hommes et par toutes les femmes.

Héraclite (fragment 18) écrivait déjà que "l'art, comme le dieu de Delphes, ne montre rien, ni ne dissimule rien, mais il signifie."

Leon Battista Alberti (1404-1472) quand il a écrit *De re aedificatoria* et *De pictura*, dit : "La beauté est l'harmonie réglée par une proportion déterminée qui règne entre l'ensemble des parties et le tout auquel elles appartiennent, à telle enseigne que rien ne puisse être ajouté, retranché ou changé sans le rendre moins digne d'approbation." Les proportions qu'il souhaite sont analogues aux lois numériques de la musique et aux harmoniques décelées par Pythagore et formalisées par Jean Sébastien Bach. Plus succinctement, l'oracle de Delphes avait dit : "La Beauté, c'est la justesse".

Immanuel Kant discute longuement de la Beauté dans *La Critique de la faculté de juger* (1790), Part I, sect. 1, livre V, en disant que les caractéristiques du Beau sont l'universalité sans concept, la finalité sans fin, le plaisir désintéressé, la régularité sans loi. Il dépasse l'impuissance de la subjectivité

[1] *Portrait du cerveau en artiste*, 2013, Odile Jacob, 300 p.

en disant que le critère principal du Beau est d'être "l'objet d'une satisfaction universelle".

Augustin d'Hippone va encore plus loin, en pensant que la beauté est la rencontre de l'intériorité d'un être et de la splendeur de la création : "J'ai tardé à T'aimer, beauté si ancienne et si neuve. Oui, Tu étais dedans et moi dehors ; et je Te cherchais dehors. Tu étais avec moi sans que je fusse avec Toi".

Pour Dimitri Karamazov, la beauté "c'est Dieu qui lutte avec le diable et le champ de bataille est le cœur des hommes."

Les critères de la beauté se sont modifiés au XIXe siècle, avec le changement de point de vue sur la nature voulu par John Stuart Mill (1806-1873) : "Tout éloge de la civilisation, de l'art ou de l'invention revient à critiquer la nature, à admettre qu'elle comporte des imperfections, et que la tâche et le mérite de l'homme sont de chercher en permanence à les corriger ou à les atténuer." C'est l'aveu direct que le divorce entre l'homme et la nature a commencé quand l'humanité a oublié qu'elle est issue de la nature et en déniant la transcendance capable de les réunir en un ensemble harmonieux.

Le "désenchantement du monde" a été analysé dans le domaine de l'esthétique par Nelson Goodman, Arthur Danto, Gérard Genette, Jean-Marie Schaeffer et bien d'autres qui n'acceptent plus la tradition qu'Auguste Rodin résumait dans son manifeste *La mort d'Athènes* (1902) : "L'art antique signifie bonheur de vivre, quiétude, grâce, équilibre, raison."

L'art et la valeur monétaire

Kostas Mavrakis [2] s'inquiète de "la pénétration des rapports marchands dans toutes les sphères de la vie", y

[2] *Pour l'Art. Éclipse et renouveau*, Ed. de Paris, Versailles, 2006. Voir aussi Christine Sourgins, *Les mirages de l'art contemporain*, La Table Ronde, 2005.

compris de la vie artistique, qui a été rendue possible par l'affirmation moderniste attribuée à Marcel Duchamp : "tout et n'importe quoi est de l'art" en oubliant que l'art est un langage destiné à communiquer une émotion.

P.-M. Mengel (2006)[3], directeur d'études à l'École des hautes études en sciences sociales, a écrit : "L'art contemporain existe aujourd'hui en profusion [..] Il y a une incertitude maximale sur la valeur de ce qui est produit." Pour confirmer qu'il s'agit bien de la valeur marchande des œuvres d'art, il ajoute : "des collectionneurs ou des galéristes peuvent être tentés de créer des phénomènes de mode pour faire exploser la valeur de certaines œuvres [..] Les profits à court terme peuvent être beaucoup plus élevés qu'à la Bourse."

Dans la même ligne de pensée, certains économistes proposent de mesurer la qualité esthétique d'un paysage en comptant le nombre de touristes qui viennent l'admirer et le nombre de dollars qu'en tirent les hôteliers et les marchands de souvenirs, comme en témoignent les panneaux publicitaires plantés aux entrées de certains parcs nationaux américains ou bien l'existence légendaire, en certain lieu de pèlerinage, de l'Hôtel du Commerce et de l'Enfant Jésus réunis.

Pour éviter cette dérive mercantile, la meilleure solution est de revenir à Immanuel Kant : "Chacun doit avouer qu'un jugement sur la beauté où se mêle tant soit peu d'intérêt matériel, est très partial et nullement un pur jugement de goût. Le goût est la faculté de juger un objet ou un mode de représentation par la satisfaction ou le déplaisir, d'une façon toute désintéressée."

Théophile Gautier allait encore plus loin : "Il n'y a de vraiment beau que ce qui ne peut servir à rien." Est-ce Gustave Flaubert qui écrivait à sa nièce : "Le mépris de la gloriole et

[3] *Profession artiste, Extension du domaine de la création*, Ed. Textuel, Paris et LC 9 mai 2006.

du gain est la première marche pour atteindre au Beau. La Morale n'étant qu'une partie de l'Esthétique, mais sa condition foncière." ?

Nous retrouverons le sens du Beau si nous acceptons que la satisfaction esthétique donnée par la contemplation d'un objet ne dépende pas de la valeur marchande de cet objet.

> Au-delà de l'horizon des techniques, des sciences et de l'économie, l'amour de la Beauté est une des ressources mentales qui nous aideront à construire un monde plus harmonieux et plus heureux.

7.2 Le bonheur

Les Grecs disaient déjà : "Ce que nous désirons tous, c'est le bonheur", ce bien impalpable qui ne se trouve pas dans un tiroir-caisse. Les pharmaciens français qui envoyaient des médicaments pour soigner les chiffonniers du Caire ont été étonnés que l'ONG égyptienne qui ouvrait ces paquets leur réponde qu'elle n'avait pas besoin de Prozac ni d'anti-dépresseurs, parce que les chiffonniers étaient plus heureux que les Français moyens, trop souvent déprimés au milieu de l'abondance de leurs biens matériels. Emmanuel Mounier[4] constate que "Le désespoir est un état neuf en Europe. [..] Les hommes ne croient plus au bonheur, à peine à un avenir." Et, faute de trouver le bonheur, nous nous réfugions dans la consommation d'anxiolytiques,

Nous devrions aussi nous souvenir de l'ouvrage de Thomas d'Aquin qui est intitulé *Du bonheur* et qui recommandait de privilégier l'être plutôt que l'avoir.

[4] *Le christianisme et l'idée de progrès*, 1947

A. Maslow (1908-1970)[5] a proposé une belle ascendance des besoins de chacun de nous :

1. Maintien de la santé de nos corps
2. Sécurité corporelle
3. Liens familiaux et sociaux
4. Dignité et estime de soi
5. Indépendance
6. Réalisation de soi
7. Transcendance

Ces biens nécessaires ne sont pas des étapes successives comme dans le jeu de l'oie. Ils sont les éléments de notre vie, où "tout se tient", comme le répète l'encyclique *Laudato si'*, et ces éléments du bonheur ne seront pas atteints par une ascension dans l'échelle de matérialité décroissante de Maslow, mais par une action "en parallèle" où nous progresserons sur chacun d'eux, chaque jour, en pétrissant notre pain quotidien.

L'écologie anthropologique

Tous les biens de Maslow ne peuvent être acquis que grâce à nos relations avec les personnes qui nous sont proches par la parentalité, la sexualité et la vie familiale. Pour tous les humains, nos proches sont le premier cercle de notre environnement et nous sommes en interaction permanente avec eux, dans une écologie anthropologique qui n'a été explorée jusqu'à maintenant que par des ethnologues tels que le Claude Lévi-Strauss des *Structures de la parenté* (1959, 4 ans après son retour du Brésil), Marcel Mauss sur le rôle du don dans les relations humaines, Maurice Godelier, René Girard, etc.

Il faudrait aussi remettre en perspective ce que Platon dit de l'Amour dans *Le Banquet*, les *Essais* de Montaigne,

---

[5] *Être humain, la nature humaine et sa plénitude*, Ed. Eyrolles, 2013

les *Pensées* de Pascal, etc., mais cela sortirait du cadre du présent ouvrage.

7.3 Vers un humanisme bien enraciné et ouvert

La citation de Jacques Monod au début du présent chapitre, nous oblige à comprendre que la science ne suffit pas pour résoudre les problèmes du monde actuel, et qu'elle n'est pas capable de provoquer la nécessaire conversion de nos mentalités vers la sobriété.

Un humanisme bien enraciné et ouvert à tous vents nous donne alors une chance de trouver le bon chemin, où les hommes et les femmes ne choisissent pas d'agir seulement pour satisfaire nos besoins matériels.

Jacques Attali[6], le président de Positive Planet montre clairement que l'altruisme est une source de comportement gagnant-gagnant et que la prise en compte du long terme est un gage d'équilibre durable, en particulier quand on l'appuie sur l'intérêt des générations futures.

Le personnalisme d'Emmanuel Mounier est l'un des points d'appui de la transition vers une nouvelle société plus juste et plus harmonieuse. Il rappelle que la dignité de l'être humain est la possibilité pour chacun de nous d'être une valeur en soi-même, communiant avec son environnement, où il a une aventure à mener, capable d'une libération dans le respect d'autrui.

Le personnalisme est un antidote qui évite les impasses des idéologies récentes (le marxisme-léninisme, le nationalisme, le scientisme, le fascisme, le néo-libéralisme de l'école de Chicago, le conservatisme, le populisme, etc.).

[6] 2018, Fayard, Paris

L'un des philosophes les plus pertinents de notre siècle, Peter Sloterdijk, dans *Sphères* (*Bulles*, *Globes* et *écumes*), pense que l'humanité a commencé par s'entourer d'une sphère protectrice qui comprenait la métaphysique et les religions, que cette sphère a commencé à se fendiller au XVIIIe siècle, au point que nous vivons maintenant dans des petites bulles sociales et culturelles isolées et qu'il est donc essentiel aujourd'hui de rétablir des connexions intellectuelles et éthiques entre ces bulles, par des "exercices spirituels".

L'harmonie du monde

La sentence 42 du Tao Tö King ouvre la voie de l'avenir pour l'ensemble des êtres vivants : "Les dix mille êtres [dont nous faisons partie] portent l'obscurité sur leurs épaules mais serrent entre leurs bras la lumière. Chacun d'eux a été engendré par ce souffle divin que l'on nomme harmonie."

Dans nos sociétés où règne l'individualisme, nous ne pourrons pas sortir de la crise et rétablir l'harmonie du monde, sans faire appel à nos ressources culturelles et spirituelles, puisque "l'homme ne se nourrit pas seulement de pain".

L'harmonie du monde peut avoir une origine transcendante qui avait été pressentie par Platon : "Est-ce que le Monde a été toujours, sans avoir nul commencement de devenir, ou bien est-il devenu, avec un moment où il ait commencé ?" et il répond aussitôt : "Il est devenu, car il est visible, tangible et il a un corps ; or tous les objets de cette sorte sont [..] de l'ordre du devenir et sujets à naître [..] Sans doute, l'auteur et le père de cet univers, est-ce un travail que de le découvrir." (Timée, 28 bc).

" [Le Dieu] était bon [..] Il voulut que toutes choses fussent bonnes, et qu'il n'y eût rien de vil, dans la mesure du possible ; ainsi donc, tout ce qu'il y avait de visible, il le prit en main ; cela n'était point en repos, mais se remuait sans concert et sans ordre ; de ce désordre, il l'amena à l'ordre [..] Donc, ayant calculé, il pensa que, des matériaux visibles dépourvus d'intelligence, il ne sortirait jamais [..] un tout qui fût un ouvrage plus beau qu'un tout doué d'intelligence." (Timée, 29e, 30 a et b).

Pour sortir de la crise, Satish Kumar[7] s'inspire du mahatma Gandhi pour donner à notre âme sa juste place et écrit : "On reconnaît dans une société que les besoins de l'âme sont satisfaits par un épanouissement de fraternité, de joie, de beauté, de bonheur. Là où il y a repliement sur soi, tristesse, laideur, il y a des privations à guérir."

Dans notre univers mental occidental, nous pourrions facilement écouter aussi un certain Benoît XVI, ancien universitaire bavarois, très rationnel et très soucieux de vérité et du développement de nos ressources, dont les écrits expriment une vision très positive de l'avenir de l'humanité : "C'est une grave erreur de mépriser les capacités humaines de contrôle des déséquilibres actuels du développement." Est-il étonnant qu'il attire ainsi l'attention sur les déséquilibres et les absences de régulation du développement qui sont au cœur du présent ouvrage ?

Dans ce domaine, j'ai été heureusement surpris de voir, en 2015, que la vision de l'écologie et de l'économie actuelles que j'avais commencé à proposer dans *Écologie et évolution du monde vivant*, est très proche de ***Laudato si'***, la lettre adressée aux habitants du monde par François, évêque de Rome, Argentin d'origine, qui propose une "écologie intégrale", où "tout est lié", et qui fait appel aux ressources spirituelles de toutes les personnes de bonne volonté pour changer profondément nos mentalités.

Je ne suis pas seul à penser qu'il est bon de dépasser nos préjugés et d'écouter cette voix porteuse de paix :

[7] *Pour une écologie spirituelle*, 2018, Belfond, Paris

Laurent Berger, le secrétaire général de la CFDT disait, dans un entretien publié en février 2019 par *La Vie* : "Nous ne pourrons jamais construire une société juste et bienveillante si nous laissons notre environnement se dégrader. Quel monde voulons-nous laisser à nos enfants ? C'est la question que pose l'encyclique *Laudato si'*. Elle invite à construire un projet de société qui soit basé sur notre humanité commune et sur ce qu'il y a de plus humain en nous."

Pour trouver la juste mesure entre la préservation de la nature et les besoins de l'humanité, il faut essayer de mieux comprendre le sens de l'évolution du monde vivant et de trouver les nouvelles régulations nécessaires pour maîtriser la complexité croissante du monde où nous vivons.

Toutes nos ressources matérielles, intellectuelles, culturelles et spirituelles devront être mises en commun pour desserrer l'étau des contraintes dont nous commençons seulement à prendre conscience et préparer pour nos enfants un avenir moins sombre.

En point d'orgue

Un vieil Indien de la tribu des Duwamish, le chef Seattle (1786-1866), est censé avoir répondu au Président des États-Unis qui lui proposait, en 1854, d'acheter une partie du territoire de sa tribu :

« Le Grand Chef de Washington nous a fait part de son désir d'acheter notre terre. Il nous a fait part de son amitié et de ses sentiments bienveillants. Il est très généreux, car nous savons bien qu'il n'a pas besoin de notre amitié en retour. »

« Nous devons considérer votre offre, parce que nous savons que l'homme blanc viendra avec ses fusils prendre notre terre si nous ne la vendons pas. Mais peut-on acheter ou vendre la beauté du ciel ou la chaleur de la terre ? Étrange idée pour nous ! Puisque nous ne sommes pas propriétaires de la fraîcheur de l'air ni du miroitement de l'eau, comment pouvons-nous les vendre ? »

« Le moindre recoin de cette terre est sacré pour mon peuple. Chaque aiguille de pin luisante, chaque grève sablonneuse, chaque écharpe de brume dans le bois, chaque clairière, le bourdonnement des insectes, tout cela est sacré dans la mémoire et dans la vie de mon peuple. La sève qui coule dans les arbres porte les souvenirs de l'homme. »

« Vous devez enseigner à vos enfants que la terre, sous leurs pieds, est faite des cendres de nos grands-parents. Afin qu'ils la respectent, dites à vos enfants que la terre est riche de la vie de notre peuple. Apprenez à vos enfants que la terre est notre mère. Tout ce qui arrive à la terre arrive aux enfants de la terre. »

« Ce n'est pas la terre qui appartient à l'homme, c'est l'homme qui appartient à la terre. Toutes choses sont liées comme le sang qui unit une même famille. L'homme n'a pas tissé la toile de la vie. Il n'est qu'un fil du tissu. Tout ce qu'il fait à la toile, il le fait à lui-même. »

« Encore quelques heures, quelques hivers, et il ne restera plus aucun des enfants des grandes tribus qui vivaient ici autrefois, ou qui errent encore dans les bois, par petits groupes ; aucun ne sera là pour pleurer sur les tombes d'un peuple autrefois aussi puissant, aussi plein d'espérance que le vôtre. Mais pourquoi pleurer sur la fin de mon peuple ? Les tribus sont faites d'hommes, pas davantage. Les hommes viennent et s'en vont, comme les vagues de la mer. »

« Même l'homme blanc, dont le Dieu marche avec lui et lui parle comme à un ami, ne peut échapper à la destinée commune. Peut-être sommes-nous frères, malgré tout. Nous verrons bien. L'homme blanc découvrira peut-être un jour que notre Dieu est le même que le sien. Il est le Dieu de l'homme, et sa pitié est égale pour nous et pour vous... »

La phrase la plus importante du chef Seattle est : "Peut-être sommes-nous frères, malgré tout". La seule solution des problèmes écologiques du monde n'est-elle pas de se sentir frères et solidaires de toute l'humanité en consacrant toutes nos forces à l'action persévérante vers le bien commun, vers la vérité qui délivre et vers la beauté qui illumine ?

La civilisation de l'avenir naît en ce moment. Plus nous attendrons pour engager les actions nécessaires, plus ces mesures seront douloureuses. Un avenir acceptable pourra être dessiné seulement grâce à l'intelligence, au cœur et à la sagesse des citoyens du monde.

A l'aide !

Table des matières

Structures éditoriales du groupe L'Harmattan

L'Harmattan Italie
Via degli Artisti, 15
10124 Torino
harmattan.italia@gmail.com

L'Harmattan Hongrie
Kossuth l. u. 14-16.
1053 Budapest
harmattan@harmattan.hu

L'Harmattan Sénégal
10 VDN en face Mermoz
BP 45034 Dakar-Fann
senharmattan@gmail.com

L'Harmattan Cameroun
TSINGA/FECAFOOT
BP 11486 Yaoundé
inkoukam@gmail.com

L'Harmattan Burkina Faso
Achille Somé – tengnule@hotmail.fr

L'Harmattan Guinée
Almamya, rue KA 028 OKB Agency
BP 3470 Conakry
harmattanguinee@yahoo.fr

L'Harmattan RDC
185, avenue Nyangwe
Commune de Lingwala – Kinshasa
matangilamusadila@yahoo.fr

L'Harmattan Congo
67, boulevard Denis-Sassou-N'Guesso
BP 2874 Brazzaville
harmattan.congo@yahoo.fr

L'Harmattan Mali
Sirakoro-Meguetana V31
Bamako
syllaka@yahoo.fr

L'Harmattan Togo
Djidjole – Lomé
Maison Amela
face EPP BATOME
ddamela@aol.com

L'Harmattan Côte d'Ivoire
Résidence Karl – Cité des Arts
Abidjan-Cocody
03 BP 1588 Abidjan
espace_harmattan.ci@hotmail.fr

L'Harmattan Algérie
22, rue Moulay-Mohamed
31000 Oran
info2@harmattan-algerie.com

L'Harmattan Maroc
5, rue Ferrane-Kouicha, Talaâ-Elkbira
Chrableyine, Fès-Médine
30000 Fès
harmattan.maroc@gmail.com

Nos librairies en France

Librairie internationale
16, rue des Écoles – 75005 Paris
librairie.internationale@harmattan.fr
01 40 46 79 11
www.librairieharmattan.com

Librairie l'Espace Harmattan
21 bis, rue des Écoles – 75005 Paris
librairie.espace@harmattan.fr
01 43 29 49 42

Lib. sciences humaines & histoire
21, rue des Écoles – 75005 Paris
librairie.sh@harmattan.fr
01 46 34 13 71
www.librairieharmattansh.com

Lib. Méditerranée & Moyen-Orient
7, rue des Carmes – 75005 Paris
librairie.mediterranee@harmattan.fr
01 43 29 71 15

Librairie Le Lucernaire
53, rue Notre-Dame-des-Champs – 75006 Paris
librairie@lucernaire.fr
01 42 22 67 13

www.ingramcontent.com/pod-product-compliance
Lightning Source LLC
LaVergne TN
LVHW051352061026
849535LV00009B/3143